Abt Johannes Eckert OSB

Steht auf!

Abt Johannes Eckert OSB

Steht auf!
Frauen im Markusevangelium als Provokation für heute

HERDER

FREIBURG · BASEL · WIEN

Neuausgabe 2024
© Verlag Herder GmbH, Freiburg im Breisgau 2018
Alle Rechte vorbehalten
www.herder.de

Umschlaggestaltung: Pittner Design
Umschlagmotiv: Marcus Lindström / Getty Images

Als deutsche Bibelübersetzung ist zugrunde gelegt:
Die Bibel. Die Heilige Schrift
des Alten und Neuen Bundes.
Vollständige deutschsprachige Ausgabe   DIE BIBEL
© Verlag Herder GmbH, Freiburg im Breisgau 2005

Satz: mittelstadt 21, Vogtsburg-Burkheim
Herstellung: GGP Media GmbH, Pößneck
Printed in Germany

ISBN Print 978-3-451-03461-9
ISBN E-Book 978-3-451-81632-1

Für Heike und Max

Inhalt

Vom Evangelium provoziert ...

»Steht auf!« Der kurze Appell gleicht einem Ruf zum Aufstand und erinnert an den Beginn der Internationale: »Wacht auf, Verdammte dieser Erde!« Er könnte aber auch die Überschrift für ein Kinderlied sein, mit dem meine Nichte gerne ihre Eltern weckt. Dort heißt es: »Du Schläfer, du Später, du Schlafmützenpeter, du Erzmurmeltier! – Heraus mit dir!« Auch wenn wir liebevoll geweckt werden, fällt das Aufstehen manchmal schwer. Man möchte das warme Bett nicht verlassen, sondern würde lieber noch etwas länger liegen bleiben. Ebenso gibt es unangenehme Erfahrungen: Schrill klingelt der Wecker. Er reißt dich aus dem Schlaf. Vor Schreck stehst du im Bett und er ruft dir zu: »Heraus mit dir!« Desgleichen können wir im übertragenen Sinn »aufgeweckt werden«: Durch eine unverhoffte Begegnung, durch einen tragischen Schicksalsschlag oder durch die überraschende Wendung einer Situation.

Nichts anderes umschreibt das Wort »Provokation«. Es leitet sich vom Lateinischen *pro-vocare* ab und meint »hervor- und herausrufen, auffordern, reizen, wecken«. Oft will eine Provokation uns aufwecken, uns herausrufen aus unserer wohlgeordneten Welt, und die Augen für das Wesentliche öffnen. Sie will zum Widerstand reizen, indem gewohnte Sachverhalte in bewusst übertriebener Form verfremdet oder überzeichnet dargestellt werden.

So verstanden musste das Markusevangelium, das unter den vier Evangelien das älteste ist und wahrscheinlich um 70 n. Chr. entstand, für seine ersten Leser, die noch nicht zum christlichen Glauben gefunden hatten, eine echte Provokation gewesen sein. Wie konnte man die Lebens- und Leidensgeschichte eines unbedeutenden Mannes aus dem galiläischen Nazareth – einem unbekannten Nest am Rand des römischen Weltreiches –, der von den religiösen Führern seines Volkes verachtet und von der römischen Besatzungsmacht als Verbrecher am Kreuz öffentlich hingerichtet wurde, als »Evangelium« – als »frohe Botschaft« – titulieren? Ursprünglich bezeichnete der Begriff »Evangelium« eine Freudenbotschaft des Kaisers und wurde generell in der Mehrzahl verwendet. Solche »guten Nachrichten«, die im ganzen römischen Reich verkündet wurden, waren z. B. Siege über feindliche Heere, Ankündigungen von Steuererleichterungen oder die Geburt eines möglichen Thronfolgers. Was hat das alles mit einem gekreuzigten Galiläer zu tun?

Der Evangelist Markus ist der erste Schriftsteller, der vom Evangelium in der Einzahl spricht und damit bewusst oder unbewusst eine neue literarische Gattung schafft. Dabei endet sein Werk gar nicht freudig (vgl. Mk 16,1–8). In seiner ursprünglichen Schlussszene kommen am Sonntag nach der Kreuzigung drei Frauen zum

Grab Jesu. Sie wollen seinen Leichnam salben. Dort begegnet ihnen ein Mann im weißen Gewand, ein Engel, der ihnen verkündet, dass der Gekreuzigte auferweckt worden sei und seinen Jüngern nach Galiläa vorausgehe. Dies sollten sie Petrus und seinen Gefährten verkünden. Eigentlich müsste man annehmen, dass sich die Frauen über die überraschend positive Wendung des Geschehens freuen würden. Doch sie verlassen mit Furcht und Entsetzen das Grab und erzählen niemanden etwas davon. Von Osterjubel und Auferstehungsfreude keine Spur! Verstummen und Erschrecken stehen am Ende des Markusevangeliums!

Dieser sogenannte »offene Schluss« provoziert im wahrsten Sinn des Wortes. Unweigerlich muss sich der Leser fragen: Was soll das? Welche Reaktionen will der Evangelist Markus wecken? Wie ist es mit den Frauen weitergegangen?

Nachfolgende Generationen haben den »offenen Schluss« nicht ausgehalten. Mit Hilfe des Matthäus- und des Lukasevangeliums, die später entstanden sind, bastelten sie ein Happy End, sodass alles noch gut ausgeht (vgl. Mk 16,9–20). Damit aber wird die Botschaft des ältesten Evangelisten abgeschwächt, ja sogar verfälscht.

Beim ursprünglichen Schluss nehmen die Frauen eine Schlüsselrolle ein, zumal von den Jüngern seit der Gefangennahme Jesu nichts mehr zu lesen ist (vgl. Mk 14,50). Die Frauen dagegen gleichen bei Markus einem seidenen Faden, von dem entscheidend die Zukunft seines Werkes abhängt. Der Evangelist erwähnt sie schon zuvor in der Leidensgeschichte. Um die Provokation des offenen Schlusses zu verstehen, ist es hilfreich, zunächst diese kurze Szene anzuschauen, um sich dann nochmals intensiver der Ostergeschichte zu widmen.

... durch vorbildliche Frauen ...

Von der sechsten Stunde an kam eine Finsternis über das ganze Land bis zur neunten Stunde. Und in der neunten Stunde rief Jesus laut: Eloï, Eloï, lema sabachtani?, das heißt übersetzt: Mein Gott, mein Gott, warum hast du mich verlassen? Als einige von den Dabeistehenden das hörten, sagten sie: Hört, er ruft Elija! Und einer lief hin, füllte einen Schwamm mit Essig, steckte ihn auf ein Rohr und gab ihm zu trinken, wobei er sagte: Lasst, wir wollen sehen, ob Elija kommt, ihn herabzunehmen. Jesus aber stieß einen lauten Schrei aus und verschied. Da zerriss der Vorhang des Tempels von oben bis unten entzwei. Als der Hauptmann, der ihm gegenüberstand, ihn so sterben sah, sagte er: Dieser Mensch war in Wahrheit Gottes Sohn! Es sahen aber auch Frauen von ferne zu, unter ihnen auch Maria aus Magdala, Maria, die Mutter des jüngeren Jakobus und Joses, und Salome. Sie waren ihm schon in Galiläa nachgefolgt und hatten ihm gedient, und viele andere, die mit ihm nach Jerusalem hinaufgezogen waren.

Mk 15,33–41

Die grausame Todesszene der Kreuzigung Jesu wird von dem beeindruckenden Bekenntnis des heidnischen Hauptmanns überragt: »Dieser Mensch war in Wahrheit Gottes Sohn!« (Mk 15,39) Er ist der einzige Mensch im Markusevangelium, der ins Wort bringt, wer dieser Mann aus Nazareth wirklich ist: Gottes Sohn! Ebenso bemerkenswert ist die furchtlose Anwesenheit der Frauen, die als Zeuginnen das traurige Geschehen am Kreuz miterleben. Wo sind die Männer geblieben, die Jesus in Galiläa in sein näheres Umfeld gerufen und die sich mit ihm in Galiläa auf den Weg gemacht hatten? Was ist aus Petrus, Jakobus und Johannes geworden, die Jesus in besonderen Stunden exklusiv begleiten durften, wie bei der Erweckung eines toten Mädchens, bei seiner Verklärung auf dem Berg oder in der Nacht vor seinem Tod im Garten Getsemani? Kurz und prägnant stellte Markus nach der Gefangennahme Jesu über die Jünger fest: »Da verließen ihn alle und flohen.« (Mk 14,50)

Die Frauen dagegen halten Jesus mutig die Treue und bleiben standhaft bis zum Tod. Schon in Galiläa waren sie ihm nachgefolgt und hatten ihm dort gedient, wie der Evangelist zu berichten weiß. Mit beiden Haltungen – »nachfolgen« und »dienen« – unterstreicht Markus, dass diese Frauen sich mit ihrem vorbildlichen Verhalten als echte Jünger erweisen. Damit gehören sie vollgültig zur Jüngergemeinde dazu! Eindrücklich veranschaulicht die Todesszene: Nachfolge heißt, sich in Wort und Tat zu Jesus zu bekennen. Zum rechten Glaubensbekenntnis, das der

Hauptmann ausspricht, gehört ebenso die rechte Lebenshaltung, für die die Frauen stehen. Sie sind »gestandene Frauen« im wahrsten Sinn des Wortes, denn Jüngersein heißt, im Risiko auf das eigene Leben zu Jesus zu stehen, auch wenn man »nur« aus der Ferne zuschaut.

Drei Frauen, Maria aus Magdala, Maria, die Mutter von Jakobus und Joses, und Salome werden von Markus namentlich benannt. Zwei von ihnen werden dann auch Zeuginnen der Grablege sein (vgl. Mk 15,47) und alle drei werden am Ostermorgen zum Grab kommen (vgl. Mk 16,1–8). Neben ihnen erwähnt das Evangelium noch weitere Frauen, die als namenlose Jüngerinnen mit Jesus von Galiläa nach Jerusalem hinaufgezogen sind.

Es ist spannend, diese doppelte Fährte, die Markus in der Kreuzigungsszene anlegt, weiterzuverfolgen. Zwei Fragenkomplexe ergeben sich daraus. Zum einen: Was haben die namentlich bekannten Osterbotinnen dem Leser zu sagen? Was wollen sie bei ihm provozieren? Zum anderen ist es ebenso spannend, auf die Spurensuche nach den namenlosen Frauen im Evangelium zu gehen: Wo treten sie auf? Worin besteht ihr Vorbild? Welche Botschaft vermitteln sie uns heute?

Damit gilt es, sich zunächst nochmals ausführlicher dem »offenen Schluss« bei Markus zu widmen, der auch als Prolog für das ganze Evangelium gelesen werden kann.

... im Vertrauen auf die Osterbotschaft ...

Als der Sabbat vorüber war, kauften Maria aus Magdala, Maria, die Mutter des Jakobus, und Salome Balsam, um (zum Grab) zu gehen und ihn zu salben. Sie kamen am ersten Wochentag zum Grab, sehr früh, als eben die Sonne aufging. Sie sagten zueinander: Wer wird uns den Stein vom Eingang des Grabes wegwälzen? Doch als sie aufblickten, sahen sie, dass der Stein schon weggewälzt war; er war nämlich sehr groß. Sie gingen in das Grab hinein und sahen einen jungen Mann auf der rechten Seite sitzen, bekleidet mit einem weißen Gewand, und sie erschraken. Er aber sagte zu ihnen: Erschreckt nicht! Ihr sucht Jesus von Nazaret, den Gekreuzigten. Er ist auferweckt worden, er ist nicht hier. Seht da die Stelle, wo sie ihn hingelegt hatten. Aber nun geht und sagt seinen Jüngern und Petrus: Er geht euch voraus nach Galiläa. Dort werdet ihr ihn sehen, wie er euch gesagt hat. Da gingen sie hinaus und flohen vom Grab; denn Angst und Entsetzen hatte sie gepackt. Und sie sagten niemand etwas; denn sie fürchteten sich.

Mk 16, 1–8

Manchmal stelle ich mir die Frage, wie mein Leben wäre, wenn ich nie etwas von diesem Jesus aus Nazareth und seiner Auferweckung erfahren hätte. Oder: Wie würde unsere Welt heute aussehen, wenn die Frauen im Verstummen geblieben wären? Mit seinem »offenen Schluss« fordert Markus seine Leser auf, sich intensiver mit der

Osterbotschaft des jungen Mannes im Grab auseinanderzusetzen. Wie hätte ich mich anstelle der Frauen verhalten?

Diese eigenartige Grabesgeschichte erzählt von der
Umorientierung der Frauen. Wir könnten auch sagen,
dass sie zur Umkehr aufgefordert werden. Gewissermaßen werden sie dabei mit den ersten Worten, die Jesus im
Markusevangelium spricht, konfrontiert: »Die Zeit ist erfüllt und das Reich Gottes ist nahe. Kehrt um und glaubt
an das Evangelium.« (Mk 1,15) Was ist damit gemeint?

Nach den schrecklichen Ereignissen des Karfreitags,
die die drei Frauen aus nächster Nähe miterlebt hatten,
gehen sie frühmorgens zum Grab, um den Leichnam Jesu
zu salben. Eigentlich ist es dazu nach drei Tagen schon zu
spät. Zugleich weiß der aufmerksame Leser, dass Jesus
schon zu Beginn seiner Leidensgeschichte von einer Frau
für sein Begräbnis gesalbt wurde (vgl. Mk 14,3–9). Wir
werden diese Szene noch betrachten. Wenn nun die drei
Frauen die übliche Totensalbung am Leichnam vorneh-
men wollen, dann kommen sie keineswegs mit Auferste-
hungshoffnung zum Grab. Vielmehr steht für sie als traurige Gewissheit fest: »Tot ist tot!« Jetzt ist es ihre traurige
Aufgabe, dem Leichnam noch den letzten Liebesdienst zu
erweisen. Das ist ihre Perspektive, wenn sie sich darüber
Gedanken machen, wer ihnen den Stein vom Grab wegwälzen könnte.

Der Evangelist hingegen zeichnet behutsam ein anderes Bild: Während sich zur Todesstunde am Karfreitag

eine Finsternis über das Land ausbreitete und als düsteres Szenario die Kreuzigung überschattete (vgl. Mk 15,33), geht nun in aller Frühe des Ostertags die Sonne auf. Das Licht siegt über die Nacht des Todes. Es dämmert langsam. Ebenso soll den Frauen etwas aufgehen, während sie sich fragen: »Wer wälzt uns den Stein vom Grab?« Das kann im übertragenen Sinn verstanden werden: »Wer befreit uns von der Last des Todes?« Diese Frage kennt wohl jeder, der schon einmal von einem lieben Menschen Abschied nehmen musste. Die Trauer kann schwer wie ein Felsbrocken auf unserem Herzen lasten.

Der überraschende Hinweis, dass der sehr große Stein schon weg ist, ist ein weiteres Zeichen für den Perspektivenwechsel, den der Leser zusammen mit den Frauen vollziehen soll. Die Last des Todes ist weggewälzt und das Grab steht offen.

Innen begegnen die Frauen einem jungen Mann im weißen Gewand, der an die Verklärung Jesu in Galiläa erinnert (vgl. Mk 9,2–10). Dort war er in strahlendem Licht und im weißen Gewand seinen Jüngern Petrus, Jakobus und Johannes begegnet. Damals schon wurde klar, wohin sein Weg führen wird: Hinein in die lichtvolle Welt Gottes! Nun werden die drei Frauen mit der Existenz Gottes konfrontiert und reagieren darauf mit Frucht und Schrecken. Dies ist im biblischen Kontext nicht ungewöhnlich, sondern typisch für die Begegnung mit dem Göttlichen. Letztlich erfahren sie im jungen Mann die Nähe des Reiches Gottes. Nun ist wirklich die Zeit erfüllt, wie es Jesus zu Beginn seines Auftretens proklamiert hatte. Und das ist auch die Botschaft, die der junge Mann ihnen verkündet: »Der Gekreuzigte ist auferweckt worden!« Gott hat Jesus von Nazareth in eine neue Dimension des Lebens geholt. Der geliebte Sohn, wie ihn der Vater bei der Taufe im Jordan und auf dem Berg der Verklärung bezeugte und als solchen ihn der Hauptmann im Gekreuzigten erkannte, kann unmöglich im Tod bleiben. Er ist nicht hier, d. h., das Grab, die Welt des Todes, ist nicht länger der Raum, in dem Jesus zu finden ist! Hier brauchen die Frauen ihn nicht zu suchen. Vielmehr bekommen sie den Auftrag, sich vom Grab abzuwenden und zu den Männern zu gehen, die ängstlich geflohen waren (vgl. Mk 14,50), auch zu Petrus, der ihn verleugnet hatte (vgl. Mk 14,66–72). Ihnen sollen sie verkünden: »Er geht euch voraus nach Galiläa!« (Mk 16,7)

Allein die Beauftragung durch den Engel ist im Blick auf das soziokulturelle Umfeld eine Provokation, waren doch Frauen in der Antike den Männern untergeordnet. Auch hatten sie in der Öffentlichkeit nichts zu sagen. Doch im Markusevangelium werden sie gerade dazu vom Engel beauftragt: Sie sollen nicht stumm am Grab stehen bleiben, sondern die frohe Botschaft verkünden. Sie sollen selbst zu Boten Gottes, d. h. zu Engeln werden, die dem Evangelium dienen!

Eigentlich haben die Frauen am falschen Platz gesucht und werden nun auf die richtige Spur geführt. Auch ihnen gilt die freudige Botschaft, wenn es heißt: »Er geht euch voraus« und nicht: »Er geht ihnen (den Männern) voraus!« Auch den Frauen und mit ihnen uns Lesern des Evangeliums geht der Auferweckte voraus. Indem die Frauen umkehren, das Grab hinter sich lassen, strecken sie sich nach dem aus, was vor ihnen liegt.

Auch das ist ein deutlicher Aufruf an den Leser. Vieles mag uns ja im Leben nachgehen oder hinter uns her sein, gerade wenn wir, wie die Frauen, Schreckliches erleben mussten. Der Auferweckte aber geht nicht hinterher, sondern er geht voraus! Auch verfolgt er uns nicht, wie uns manchmal Begegnungen oder Erlebnisse in unserer Lebensgeschichte verfolgen und nicht mehr loslassen. Vielmehr ruft er zur »Nach-Folge« nach Galiläa und fordert uns auf, seine Spuren zu suchen und diese in unserem Leben aufzunehmen, ihm nachzugehen, wie wir einer Sache nach-gehen, indem wir uns für diese interessieren und über sie mehr erfahren wollen! Der Auferweckte geht auch nicht zurück in seine Heimat, von wo er gekommen ist. Nein, er geht voraus, d. h. er kommt in Galiläa auf seine Jünger zu oder, wie wir auch sagen könnten: Er ist die Zukunft in Person. Dort in Galiläa, wo alles begonnen hat, dort werden die Frauen ihm begegnen, dort bekommt ihr Leben Zukunft. Mit diesen drei Frauen und ihrem Verkündigungsauftrag fängt Gott neu an. Wenn der Auferweckte voraus nach Galiläa geht, dann ist das am Ende des Evangeliums eine Aufforderung, dieses erneut zu lesen und sich dabei zu fragen: Was hat es mit meinem Leben zu tun? Wo begegne ich dem Auferweckten in meiner Lebens- und Glaubensgeschichte, in meinem konkreten Alltag, in meinem Galiläa? Wo finde ich seine Spuren, wo kommt er auf mich zu? Unser Leben gilt es als Ort der Frohen Botschaft zu entdecken.

... umkehren und dem Auferstandenen folgen!

Daher kann man das Markusevangelium nach seiner Lektüre nicht einfach zuklappen und zum Tagesgeschäft übergehen. Am Ende wird deutlich, warum Markus sein Werk mit diesen Worten beginnt: »Anfang des Evangeliums von Jesus Christus.« (Mk 1,1) Der Evangelist setzt einen Anfang, sodass das Leben des Lesers die Fortsetzung ist und zum eigentlichen Evangelium wird. Sein Buch gleicht einer Ouvertüre, in der schon die wichtigsten Motive anklingen. Die eigentliche Oper, das Hauptwerk aber ist unser Leben selbst. In diesem gilt es, die österliche Melodie aufzunehmen und sie als Leitmotiv in ihrer vollen Pracht und in vielfältigen Variationen erklingen zu lassen. Markus hat nur einen Prolog geschrieben. Das eigentliche Werk wird durch uns verfasst. Indem wir Jesus nachfolgen und uns wie die Frauen mit ihm auf den Weg machen, indem wir auf sein Wort hören und bereit sind, ihm zu dienen, wird unser Leben zur Fortsetzung des Evangeliums. Dadurch können wir dem Auferstandenen begegnen. Das offene Ende als Aufforderung neu anzufangen ist für jeden eine Ermutigung: Für die Frauen, die verstummen, für die Jünger, die alle geflohen sind, für Petrus, der Jesus verleugnet hat, und für jeden, der von Glaubenszweifeln geplagt und mit dem Grab, d. h. mit der Macht des Todes konfrontiert wird. Gott ermöglicht immer wieder einen neuen Anfang.

Wer dagegen nur auf das leere Grab fixiert ist, sieht nur, wo Jesus nicht zu finden ist. Wer ihm aber begegnen will, muss mit den Frauen umkehren und sich auf den Weg des Lebendigen einlassen.

Das ist Auftrag der Kirche in jeder Zeit. Wie oft starren wir auf das, was einmal war und nicht mehr ist. Wie oft verharren wir in der Trauer darüber, was Vergangenheit ist, und schwelgen in nostalgischer Rückschau auf eine Zeit, in der scheinbar alles besser war. Das ist nachvollziehbar und die Kirche stützt sich ja auch auf eine große Tradition, die vielen Halt und Sicherheit gibt. Aber der Blickwinkel, den das Markusevangelium vorgibt, ist ein anderer: »Schaut nicht zurück, sondern schaut nach vorne auf das, was vor euch liegt!«, ruft es uns gleichsam zu.

»Er geht euch voraus nach Galiläa!« Auf der Grundlage des Markusevangeliums gilt es, sich vom Vergangenen abzuwenden, die Perspektive zu wechseln, nach vorne zu schauen, sich der Zukunft und damit dem Auferstandenen zuzuwenden. Dieser ruft auch uns zu: »Die Zeit ist erfüllt und das Reich Gottes ist nahe. Kehrt um und glaubt an das Evangelium.« (Mk 1,15)

Im Griechischen wird hier für Zeit nicht das Wort *chronos* verwendet, das den Ablauf der Zeit, die Chronologie der Ereignisse beschreibt. Es steht das Wort *kairos*. In der griechischen Mythologie stand der Halbgott Kairos für den günstigen Zeitpunkt, den es rechtzeitig zu ergreifen gilt, solange er sich einem bietet. Daher wurde er in der Kunst als glatzköpfiger Jüngling mit einem Haarschopf auf der Stirn dargestellt. Wer also zu spät die Initiative ergreift und nicht die Gelegenheit beim Schopf packt, wie wir umgangssprachlich sagen, fasst am blanken Hinterkopf nur noch ins Leere.

Jesus fordert uns auf, nicht der guten alten Zeit nachzutrauern, sondern den rechten Zeitpunkt zu erkennen. Anscheinend haben das die drei Frauen begriffen und verkündet, sonst hätten Markus und damit auch wir nie von der Osterbotschaft erfahren. Wahrscheinlich haben sie nach ihrem ersten Schrecken ihre Sprachlosigkeit überwunden und sich auf die Zukunft, die vor ihnen lag, eingelassen. Ob sie dem Auferstandenen wirklich in Galiläa begegnet sind, berichtet das Markusevangelium nicht. Aber durch ihre Abkehr vom Grab und ihren Aufbruch nach Galiläa, also ins Leben, haben die Frauen erfahren, dass ihnen Jesus vorausgeht und ihnen so den Weg durch ihr Leben weist.

Wie schon erwähnt, stehen bei dem Kreuz neben den drei Frauen noch einige andere Frauen ohne Namensangabe. Markus sagt von ihnen, dass sie Jesus von Galiläa nach Jerusalem begleitet hatten. In ihrer Lebenshaltung und Treue waren sie vorbildliche Jüngerinnen. Mehr wissen wir nicht von ihnen.

Bei einer genaueren Lektüre des Markusevangeliums fällt auf, dass an sechs Stellen Jesus namenlosen Frauen begegnet. Ihr Verhalten wird stets als beispielhaft für die Jünger dargestellt. Ob sie etwas mit den Frauen am Kreuz zu tun haben, erschließt sich uns nicht, aber wir können sie durch ihr vorbildliches Tun mit ihnen in Verbindung bringen.

Hatte Markus ihre Namen vergessen oder war es für ihn zweitrangig, wie sie geheißen haben? Auch das wissen wir nicht. Vielleicht aber hilft uns unsere eigene Erfahrung weiter. Wenn wir nicht auf einen Namen kommen, dann beschreiben wir die gesuchte Person: »Wie heißt denn die Frau, die immer so gut gekleidet ist, so freundlich grüßt und im Haus an der Kreuzung im dritten Stock wohnt?« Über die Beschreibung erfahren wir meistens mehr über die gesuchte Person als über ihren bloßen Namen.

Wenn die sechs Frauen im Evangelium auch namenlos bleiben, sind sie keinesfalls aussagelos oder gar wirkungslos gewesen. Auch sie sind »gestandene Frauen«, an denen dem Leser vor Augen geführt wird, wie man Jesus nachfolgen und sein Jünger sein kann. Genauer betrachtet sind es alles österliche Szenen, die auch die heutige Jüngergemeinde, also die Kirche, zur Auferweckung provozieren könnten. Daher lohnt es sich, sich mit ihnen intensiver zu beschäftigen und darüber nachzudenken, zu welchen Neuanfängen diese namenlosen Frauen uns führen könnten: Was haben sie uns heute zu sagen? Wo müssen wir umkehren, Vergangenes hinter uns lassen und uns neu ausrichten? Wo kann durch ihr Beispiel in der Kirche neues Leben erweckt werden?

Bei der Entstehung dieses Buches war es für mich zunächst sehr hilfreich, in direkten Kontakt mit diesen sechs namenlosen Frauen zu treten. Ich begann ihnen Briefe zu schreiben, sie persönlich über ihre Erfahrungen und Erlebnisse zu befragen und von unserer Zeit und ihren Herausforderungen zu erzählen. Dies wiederum hatte zur Folge, dass die Frauen in meinen Gedanken zu Leben erweckt und zu konkreten Personen wurden, so dass wir einen fiktiven Dialog miteinander begannen. In ihren Antwortschreiben stellten sie ausgehend von ihren Erfahrungen heutige kirchliche Verhältnisse kritisch infrage. Das war einerseits sehr spannend, aber andererseits nicht immer angenehm. Hin und wieder konnten sie richtig unbequem werden. Dabei wurde mir klar, dass wir »Männer der Kirche« um diese Frauengestalten mit ihrem kritischen Spiegel nicht herumkommen. Den Jüngern Jesu ist es wohl nicht anders ergangen. Die Frauen regen zum Nachdenken über kirchliche Verhältnisse an: Was entspricht dem Evangelium? Wo sind Umkehr und Neuanfang angesagt? Was könnte sich verändern? Mit diesem »Herausrufen« leisten die Frauen einen wesentlichen Dienst für die Kirche. Das griechische Wort für

Kirche, *ekklesia*, heißt ja »die Herausgerufene«! Damit sind alle gemeint, die von Jesus durch sein Evangelium in eine neue Lebensweise gerufen werden. Ganz in diesem Sinn wollen die sechs Frauengestalten zur Auferweckung provozieren, indem sie uns mit den Worten meiner Nichte zurufen: »Heraus mit dir!«

1. Provokation
Eine Frau dient authentisch

Vor fast 25 Jahren wurde bei den Gästen unseres Andechser Bräustüberls eine Umfrage durchgeführt. Bezugnehmend auf die benediktinische Kurzformel *ora et labora* (bete und arbeite) lautete eine Frage: »Wussten Sie, dass in Andechs Mönche leben und arbeiten?« Ein humorvoller Besucher gab damals als Rückmeldung: »Leben schon, arbeiten ist mir neu!« Freilich enthielt die Antwort versteckte Kritik, die sinngemäß lautete: Damit die Mönche gut leben können, müssen andere für sie arbeiten!

Mich hat die Rückmeldung an Erzählungen aus den Zeiten vor dem Zweiten Vatikanischen Konzil erinnert. In dieser Zeit, die ich persönlich nicht erlebt habe, waren unsere Klöster noch eine Zweiklassengesellschaft. Priestermönche (Patres) und Laienmönche (Brüder) hatten damals unterschiedliche Stellungen. Beim Abt und den Patres lag die Entscheidungskompetenz. Als studierte Akademiker verfügten sie über viele Privilegien und vertraten die Gemeinschaft nach außen. Die Brüder dagegen hatten nur wenige Mitspracherechte. Sie mussten für die höher gestellten Priestermönche die dienenden Aufgaben im Haus, wie Putzen, Kochen, Waschen usw. übernehmen und die z.T. schweren körperlichen Arbeiten in der Landwirtschaft sowie den Betrieben verrichten. Während die Patres ein eigenes Chorgebet in Latein feierten, beteten die Brüder auf Deutsch. Die Unterscheidung reichte bis in die Qualität der getrennten Mahlzeiten. Die Brüder bekamen z. B. zum Frühstück nur Malzkaffee. Die Patres hingegen erfreuten sich an echtem Bohnenkaffee. Die Liste der Unterschiede könnte noch beliebig fortgesetzt werden.

Gott sei Dank hat diese ungute Zweiklassengesellschaft durch die Reformen des Konzils ein Ende gefunden. Dies entspricht dem Ideal der Benediktsregel. Eindrücklich warnt der Mönchsvater davor, dass etwa Priester in der Gemeinschaft über Privilegien oder eine Vorrangstellung verfügen (vgl. RB 60; 62). Vielmehr folgt er dem Ideal der Urkirche, wenn er im Kapitel über den Küchendienst feststellt: »Die Brüder sollen einander dienen.« (RB 35,1) Dies ist ein zentraler Gedanke der Regel, der etwas Grundsätzliches darüber aussagt, worum es in der Nachfolge Jesu geht. Christsein heißt, dem anderen so anzunehmen, wie er ist, und ihm unvoreingenommen zu dienen. Benedikt unterstreicht dieses Anliegen, wenn er etwa dem Abt ins Stammbuch schreibt: »Er wisse, dass er mehr helfen als herrschen soll.« (RB 64,8)

Dies wird im Markusevangelium gleich zu Beginn deutlich, wenn Jesus am ersten Tag seines öffentlichen Auftretens die Schwiegermutter des Simon aufrichtet und diese nach ihrer Heilung den Gästen in ihrem Haus dient. Dadurch veranschaulicht sie, was es heißt, sich in die Nachfolge, in die Spur Jesu zu begeben. Wie dieser ihrem Leben dient, so ist sie bereit, es ihm gleichzutun.

Die aufgerichtete Schwiegermutter

Sobald er die Synagoge verlassen hatte, ging er zusammen mit Jakobus und Johannes in das Haus des Simon und Andreas. Die Schwiegermutter Simons lag fieberkrank danieder. Sogleich erzählten sie ihm von ihr. Da ging er zu ihr, nahm sie bei der Hand und richtete sie auf. Da verließ sie das Fieber und sie bediente sie.

Mk 1,29–31

Zugegebenermaßen habe ich mich mit dieser Stelle des Markusevangeliums noch nie zuvor eingehender beschäftigt oder sie in einer Predigt thematisiert. Das hängt wohl mit ihrer Kürze zusammen; man überliest sie leicht. Bei der intensiveren Beschäftigung allerdings wird deutlich, dass diese unscheinbare Heilungsgeschichte zu Beginn des Evangeliums mit der schon betrachteten Grabesszene am Ende korrespondiert. Betrachten wir sie ein wenig ausführlicher:

Jesus besucht das Dorf Kafarnaum am See Genezareth. Manche Exegeten übersetzen den Ortsnamen mit »Dorf des Trostes«. Dies könnte ein Vorzeichen für die

Heilungen sein, die Jesus hier wirken wird. Trost leitet sich im Deutschen von Treue ab. Gottes Trost und Treue wird durch das Wirken seines Sohnes sichtbar. Zuvor war Jesus am See einigen jungen Männern begegnet. »Kommt, folgt mir nach! Ich will euch zu Menschenfischern machen!«, hatte er dem Brüderpaar Simon und Andreas zugerufen (vgl. Mk 1,17). Sofort ließen diese ihre Netze liegen und folgten ihm nach. Gleiches erfuhr ein anderes Brüderpaar, Jakobus und Johannes. Unverzüglich ließen sie ihren Vater Zebedäus mit seinen Tagelöhnern zurück, um mit Jesus zu gehen. Damit sagt der Evangelist etwas Wichtiges über die Jüngerexistenz aus: Nachfolge heißt loslassen und sich mit Jesus vorbehaltlos auf den Weg machen!

Es ist interessant, dass Jesus zunächst in das Heimatdorf der vier jungen Männer ging. Anscheinend wollte er sehen, woher seine neuen Gefährten kamen. An einem radikalen Bruch mit all dem, was Familie, Herkunft und Prägung bedeutet, hatte er wohl kein Interesse.

Nach dieser ersten Jüngerberufung besuchte Jesus am darauffolgenden Sabbat den Synagogengottesdienst. Hier wirkte er sein erstes Heilungswunder. Ein Mann, der von einem unreinen Geist besessen war, wurde durch das Eingreifen Jesu von seinem quälenden Leiden befreit. Diese öffentliche Heilung an einem Sabbat stellte durchaus eine Provokation dar, da an diesem Ruhetag keinerlei Arbeiten verrichtet werden durften. Schon durch sein erstes Wunder veranschaulicht Jesus also, was für ihn entscheidend ist: An erster Stelle steht für ihn das Heil und das Wohlergehen des Menschen und nicht das Einhalten von Gesetzen und Rechtsvorschriften! Er will vorbehaltlos dem Leben dienen und nicht einem Gesetzeswerk! Darin besteht die Kunst des Menschenfischens. Im Fortgang des Evangeliums wird es deswegen immer wieder zu heftigen Konflikten zwischen Jesus und den religiösen Autoritäten seiner Zeit kommen, sodass Jesus seine Überzeugung programmatisch formuliert: »Der Sabbat ist um des Menschen willen gemacht und nicht der Mensch um des Sabbats willen.« (Mk 2,27) Diese Aussage musste provozieren und sie tat es auch! Um seiner Überzeugung Ausdruck zu verleihen, heilt Jesus wiederholt an einem Sabbat, sodass die Pharisäer und die Anhänger des Herodes den Beschluss fassen, ihn baldmöglichst zu töten (vgl. Mk 3,6).

Letztlich veranschaulichte schon die erste Heilung in der Synagoge von Kafarnaum, dass Jesus bereit war, wenn es um den Menschen und sein Heil geht, mit herkömmlichen Vorschriften zu brechen und dafür Konflikte in Kauf zu nehmen. Für diese Botschaft setzte er als Menschenfischer sein Leben ein! So ist sein Vorbild Richtschnur für die Jüngergemeinde zu jeder Zeit: Kirche hat den Menschen und ihrem Heil zu dienen!

Aber kehren wir zur Heilung im Haus des Simon und Andreas zurück. Nach der öffentlichen Heilung eines Mannes schildert Markus nun die Heilung einer Frau in der Geborgenheit eines Privathauses. Damit wird eine weitere wichtige Aussage getroffen: Jesus wirkte an beiden Geschlechtern heilend. Er unterschied nicht zwischen Mann und Frau.

Die Heilung der Schwiegermutter ist die kürzeste Wundergeschichte, die sozusagen mit wenigen Federstrichen auf das Wesentliche aufmerksam macht.

Mit dem Besuch im Haus des Simon und Andreas begibt sich Jesus in den inneren Lebensraum seiner neuen Gefährten hinein. Man möchte fast meinen, dass er von diesen in ihre Familien eingeführt wird und damit Anteil an ihrem alltäglichen Leben bekommt.

Das Haus in Kafarnaum wird später ein wichtiger Versammlungsort der jungen Christengemeinde sein. Schon im ausgehenden 1. Jahrhundert wird es zum Treffpunkt und Gottesdienstraum der Gläubigen. Auch im weiteren Verlauf des Markusevangeliums sind Häuser bevorzugte Orte der Jüngerunterweisung. Diese Reihe wird mit dem Haus des Simon und Andreas in Kafarnaum eröffnet.

Im Haus erfährt Jesus, dass die Schwiegermutter des Simon mit Fieber im Bett liegt. Fieber mag zunächst nach einer gewöhnlichen Grippe klingen. Allerdings stellte für fromme Juden jede Krankheit eine Strafe Gottes dar, was wiederum Isolation und Ausgrenzung für den Erkrankten bedeutete. Ausdrücklich berichtet Markus davon, dass die Schwiegermutter darniederliegt, d.h. kraftlos und schwach auf die Hilfe anderer angewiesen ist. Jesus zeigt Interesse für die Erkrankte und wendet sich ihr zu. Ohne Worte und ohne Angst vor einer möglichen Ansteckung berührt Jesus sie, sodass sie durch ihn die Nähe des Reiches Gottes erfährt. Indem er sie an der Hand ergreift, zeigt er sich als Menschenfischer, der sie aus dem Fieber herauszieht und in ihr neues Leben weckt. Das griechische Wort *krateo*, das der Evangelist Markus verwendet, bedeutet »sich bemächtigen« und leitet sich von *kratos* – »Kraft« und »Stärke« ab. Wir könnten auch sagen: Indem Jesus sie berührt und aufrichtet, gibt er ihr Kraft und Stärke und zieht sie in sein Leben hinein! Dass es sich dabei um eine österlich eingefärbte Geschichte handelt, unterstreicht Markus, wenn er das griechische Wort *egeiro* – »aufrichten, aufwecken« verwendet. Dieses korrespondiert mit dem, was am Ostertag der Engel den erstaunten Frauen im leeren Grab verkündet: »Er ist auferweckt worden!« (Mk 16,6) Gott hat seinen Sohn aus dem Tod herausgezogen und ihm neue Lebenskraft geschenkt. Ähnliches erlebt die Schwiegermutter des Simon. Durch die Erlösung vom Fieber erlebt sie ihr persönliches Osterfest, ihre Auferweckung! Sie wird gleichsam von Jesus in sein Auferstehungsgeheimnis hineingeholt oder, wie wir auch sagen könnten, in dieses eingeweiht.

Indem das Fieber die Schwiegermutter verlässt oder, wortwörtlich übersetzt, »sie loslässt«, ist sie von ihrer Krankheit befreit. Es ist interessant, dass auch in diesem Zusammenhang vom »Loslassen« die Rede ist. Zuvor hatten schon die vier Jünger ihre Netze und ihren Vater mit seinen Tagelöhnern losgelassen. Wie diese durch das Wort Jesu ergriffen den Aufbruch wagen und alles loslassen, so ist auch die Schwiegermutter im wahrsten Sinn des Wortes von Jesus ergriffen, sodass sie »von der Krankheit losgelassen« in seine Nachfolge, d. h. in seinen Dienst treten kann. All das unterstreicht ihre Reaktion, wenn es kurz und bündig heißt: »Und sie bediente sie!«

Eigentlich ist das eine ungenaue Übersetzung, denn damit ist nicht eine einmalige Bewirtung gemeint, dass die Hausfrau in die Küche geht, um für ihre Gäste kurzfristig eine Mahlzeit herzurichten. Das griechische Wort für »dienen« – *diako* – steht hier im Imperfekt und beschreibt eine andauernde Haltung des Dienens. An ihrem Vorbild werden die Jünger, und mit ihnen wir Leser, unterwiesen, was Nachfolge bedeutet. Von Jesus ergriffen sein heißt dienen! Nicht durch große Worte – in der Szene wird kein einziges gesprochen – sondern durch konkrete Taten zeigt die Geheilte, was es heißt, vom Menschenfischer Jesus auferweckt zu sein.

Später, kurz vor seinem Tod, wird Jesus mit seinen Gefährten nochmals in einem Haus in Kafarnaum zu Gast sein (vgl. Mk 9,33–37). Ob es das Haus des Simon und Andreas ist, wissen wir nicht, aber das Stichwort »dienen« erinnert an dieses.

Auf dem Weg dorthin streiten sich seine Jünger, wer von ihnen wohl der Bedeutendste sei. An ihrem Ziel angekommen werden sie deswegen von Jesus zur Rede gestellt und deutlich zurechtgewiesen: »Wer der Erste sein will, muss der Letzte von allen und der Diener aller sein.« (Mk 9,35) Vielleicht hat sich der ein oder andere dabei an den Dienst der Schwiegermutter erinnert. Aber das erfahren wir nicht ... Um seinen Worten Nachdruck zu verleihen, wird Jesus ein Kind in die Mitte stellen, es in seine Arme nehmen und sagen: »Wer ein solches Kind in meinem Namen aufnimmt, der nimmt mich auf; und wer mich aufnimmt, der nimmt nicht mich auf, sondern den, der mich gesandt hat.« (Mk 9,37) Das ist provokant, galten doch in der antiken Gesellschaft Frauen und Kinder als Menschen zweiter Klasse. Jesus dagegen macht keine Unterschiede! Vielmehr stellt er sich mit einem Kind auf eine Ebene und weist beeindruckend darauf hin, dass die Aufnahme des Kindes, d.h. eines Menschen zweiter Klasse, zur Gottesbegegnung führt! Damit sind alle Standesunterschiede aufgehoben.

Auf dem weiteren Weg nach Jerusalem hinauf werden dann Jakobus und Johannes Jesus darum bitten, ihnen in seinem zukünftigen Reich die besten Plätze zu reservieren (vgl. Mk 10,35–45). Verständlicherweise ärgert das die anderen Jünger. Erneut muss Jesus sie daher belehren: In seiner Nachfolge gehe es eben nicht um Positionen und Ansehen, sondern um das gegenseitige Dienen, das letztlich Hingabe bedeutet. Schließlich werde sein eigener Weg nach Jerusalem hinaufführen, wo er am Kreuz sein Leben hingeben wird. Im Blick auf die gängigen Ansichten stellt Jesus daher klar: »Ihr wisst, dass die, die als Herrscher gelten, ihre Völker unterjochen und dass ihre Großen sich Gewalt über sie aneignen. Bei euch aber soll es nicht so sein, sondern wer unter euch der Größte sein will, soll euer Diener sein, und wer unter euch der Erste sein will, soll der Diener aller sein. Denn auch der Menschensohn ist nicht gekommen, sich bedienen zu lassen, sondern zu dienen und sein Leben hinzugeben als Lösegeld für viele.« (Mk 10,42–45)

Nachfolge zeigt sich wesentlich im Dienen und in der Hingabe, wie es das Beispiel der Schwiegermutter veranschaulicht. Das ist das Anliegen Jesu, das Markus schon zu Beginn seines Evangeliums an die Jüngergemeinde weitergibt.

An zwei weiteren Stellen des Markusevangeliums wird das Dienen erwähnt. Auch sie lohnt es sich kurz anzuschauen: Vor Beginn seines öffentlichen Wirkens, als Jesus sich in die Wüste zurückzieht, berichtet das Markusevangelium, dass ihm dort in der Wüste, d. h. am Ort des Todes, Engel dienten (vgl. Mk 1,13). Diese wiederum erinnern an den Engel im Grab, der die Auferweckung Jesu verkündet. Wenn nun die Engel und die Schwiegermutter Jesus dienen, dann dienen sie dem Leben, dann wird durch ihren Dienst Ostern, d. h. Auferweckung verkündet.

Neben den Engeln in der Wüste und der Schwiegermutter in Karfarnaum berichtet das Markusevangelium noch von Frauen, die Jesus in Galiläa gedient haben und Zeuginnen der Kreuzigung sind (vgl. Mk 15,41). Wir sind ihnen schon in der Einleitung begegnet und konnten feststellen, dass ihre furchtlose Treue Hingabe ist, die bis zum Äußersten geht. Sie sind »gestandene Frauen« und dienen durch ihre Treue und Standhaftigkeit als Vorbilder der Jüngergemeinde.

Damit können wir zusammenfassen, dass im Markusevangelium ausschließlich Engel und Frauen Jesus dienen. Das nun ist ein beschämendes Resümee für die Männer. Unter diesem Gesichtspunkt ist die Heilung der Schwiegermutter des Simon keine kleine Episode, die Markus als füllendes Beiwerk seinem Evangelium hinzufügt. Vielmehr ist sie eine programmatische Ansage, worum es Jesus in seiner Verkündigung geht. Wer von Jesus ergriffen wird, wird in seinen Dienst berufen. Die Schwiegermutter ist die erste Jüngerin, die durch ihr vorbildliches Verhalten Jesus nachfolgt. Sie ist von ihm in sein Ostergeheimnis eingeweiht worden. Dies können die vier Erstberufenen Simon, Andreas, Jakobus und Johannes von ihr lernen. Im Dienen zeigt sich wahre Jüngerschaft und dadurch wird das Haus in Kafarnaum zur Kirche, zum Haus des Trostes!

Mehr Authentizität durch geweihte Frauen?

»Du wirst zu dem geweiht, was du schon längst bist!« Mit diesen Zeilen gratulierte mir ein Freund zur Diakonenweihe, dessen eigene Priesterweihe schon länger zurücklag. Seitdem begleiten mich diese Glückwünsche. Als Diakon und Priester bin ich zu etwas geweiht, was ich schon längst bin. Mein Freund hatte recht. Wie viele Dienste des Priesters und Diakons werden ganz selbstverständlich von Menschen ausgeübt, die nicht die sakramentale Weihe empfangen haben, aber über das Charisma verfügen. Ein einfaches Beispiel aus eigener Erfahrung mag das verdeutlichen: Oft habe ich als Kind meinen Eltern gebeichtet, was ich in der Schule angestellt hatte. Freilich wurde ich dann noch zur Beichte geschickt, aber die Lossprechung und die Versöhnung ereignete sich gefühlt schon früher. Letztlich waren es meine Eltern und viele andere Vorbilder, die mich durch ihr selbstloses Engagement in den priesterlichen Dienst eingeweiht haben, auch wenn der offizielle Akt dann durch Handauflegung und Gebet des Bischofs geschah.

»Du wirst zu dem geweiht, was du schon längst bist!« Neben vielen Männern fallen mir auch viele Frauen ein, die in unseren Gemeinden ganz selbstverständlich diakonale und priesterliche Dienste wahrnehmen. Ich denke an eine Krankenhausseelsorgerin, der ich bei einem Sterbefall begegnen durfte. Eine junge Mutter war verstorben. Die ganze Familie war mit Trauer und Schmerz am Totenbett versammelt. Voller Liebe salbte nun die Krankenhausseelsorgerin mit Öl die Stirn, die Augen, die Ohren, die Nase, den Mund, die Hände und Füße und schließlich an Stelle des Herzens die Brust. Mit ihren einfühlsamen Worten tröstete sie die Angehörigen und half ihnen, sodass sie würdevoll Abschied nehmen konnten. Man spürte, wie intensiv sie die Verstorbene auf ihrem letzten Weg begleitet und sie auf den Tod vorbereitet hatte. Das Krankenhauszimmer wurde in diesem Moment zum Haus in Kafarnaum, zum Ort des Trostes.

Oder eine katholische Theologin, die Hospizmitarbeiter in ihrem anspruchsvollen Dienst der Sterbebegleitung unterstützt und diese regelmäßig zu Gottesdiensten einlädt. Erst vor Kurzem bekam sie von einem Kollegen, der sich als bekennender Atheist versteht, das Kompliment: »An dir ist eine Pfarrerin verloren gegangen.«

Ebenso kommen mir manche Pastoral- und Gemeindereferentinnen in den Sinn, die ich bei den Firmspendungen kennenlernen durfte. Oft sind diese Frauen für die Jugendlichen die ersten und einzigen Ansprechpartner, die ihre Sprache verstehen und sich auf deren Lebenswelt einlassen. Für die Firmlinge, die manchmal weit weg vom kirchlichen Leben sind, sind sie die eigentlichen Seelsorgerinnen. Völlig unabhängig davon, ob sie geweiht sind oder nicht, vertrauen sie sich ihnen mit ihren Sorgen an, sodass die Firmvorbereitung zum Haus in Kafarnaum wird.

Die Beispiele ließen sich beliebig fortsetzen. Mich stimmt das alles nachdenklich, da manche Frauen sehr darunter leiden, dass ihnen die Dienste des Diakons und des Priesters verwehrt werden. Sie nehmen die Kirche als Zweiklassengesellschaft wahr, in der ihnen nur das Zuarbeiten überlassen wird. Oft sind sie sehr gut qualifizierte Theologinnen und verfügen über kostbare Charismen, die sie nur bedingt in das Leben der Kirche einbringen können. Wie würde Jesus reagieren? Würde er sie vielleicht wie die Schwiegermutter aufrichten und sie in seinen Dienst einweihen? Werden wir es vor ihm verantworten können, dass Frauen im Haus der Kirche nur eingeschränkt dienen dürfen und gleichen wir Männer nicht manchmal den Jüngern, die nicht viel von der Nachfolge begriffen haben?

Gegen die Zulassung von Frauen zur Diakonen- und Priesterweihe wird u. a. argumentiert, dass Jesus selbst ein Mann war und dass die Geweihten, die in der Liturgie seine Stelle einnehmen, *in persona Christi* handeln müssten. Auch habe Jesus nur Männer in seine engere Nachfolge berufen. Letzteres ist wohl eher den historischen gesellschaftlichen Strukturen geschuldet, in denen Frauen kein Recht auf öffentliche Zeugenschaft hatten. Dass sie de facto sehr wohl Jesus nachfolgten, zeigen die Szenen im Haus von Kafarnaum und die Passion Jesu. Umso eindrücklicher ist es, dass es im Markusevangelium gerade die Frauen sind, denen Jesus Nähe schenkt – die Schwiegermutter ist überhaupt der erste Mensch, den Jesus körperlich berührt – und es sind Frauen, die bei der Kreuzigung konsequent in seiner Nähe bleiben, während sich die Jünger aus dem Staub machen. Die Frauen haben das Kreuzesopfer Jesu aus nächster Nähe miterlebt. Sie sind Zeuginnen seiner Lebenshingabe geworden und wurden in diese eingeweiht. Könnten sie nicht dann auch der Eucharistie als Sakrament der Hingabe, bei dem sich das Kreuzesopfer vergegenwärtigt, als Dienerinnen der Treue vorstehen?

Und was heißt es überhaupt, *in persona Christi* zu handeln? Geht es dabei nicht mehr um eine Gesinnung als um die biologische Tatsache »Mann«? Jesus Christus ist der »Menschensohn«, wie es bei Markus an mehreren Stellen heißt. In dieses Menschsein sind Mann und Frau mit ihrer Würde gleichermaßen hineingenommen. Durch die Taufe auf den Namen Jesus Christus erhalten sie die Befähigung, Christus zu repräsentieren. Das verbirgt sich in dem Begriff des gemeinsamen Priestertums aller Getauften, wie es das Zweite Vatikanische Konzil festhält.

Hat die Schwiegermutter nicht auch *in persona Christi* gehandelt, als sie in ihrem Haus diente und damit dem nachfolgte, der mit seinem Leben den Menschen dienen wollte, ja dieses aus Liebe am Kreuz hingegeben hat?

In unserer Regel schreibt der heilige Benedikt, dass der Abt im Kloster die Stelle Christi einnimmt. Er sei *vices Christi* – »Stellvertreter Christi« (vgl. RB 2,2). Dies gilt selbstverständlich auch für jede Äbtissin in einem Nonnenkloster. Daher trägt auch sie als Zeichen ihres Christusdienstes den Stab, den Ring und das Brustkreuz. Warum sollte sie dann nicht auch durch die Weihe bevollmächtigt werden, diesen Dienst bei der Spendung der Sakramente auszuüben? Für viele ist es nur schwer nachvollziehbar, wenn z.B. eine Schwesterngemeinschaft aufgrund des Priestermangels nicht täglich Eucharistie feiern kann, obwohl diese ein wesentliches Aufbauelement der Kirche darstellt. Das gilt selbstverständlich auch für die anderen Sakramente. So begleite ich seit einiger Zeit einen Schwesternkonvent als Beichtvater. Manchmal frage ich mich, ob es nicht für die Frauen leichter wäre, manche Themen mit einer Frau besprechen zu können. Oder wie hilfreich wäre es, wenn z. B. eine Äbtissin, die über Jahre ihre älteren, gebrechlichen Schwestern begleitet, ihnen das Sakrament der Krankensalbung spenden dürfte.

Im Haus des Simon weihte Jesus dessen Schwiegermutter in sein Auferstehungsgeheimnis ein, sodass diese in seine Nachfolge treten konnte. Später wies Jesus ausdrücklich darauf hin, dass der Sabbat für den Menschen da ist, also Vorschriften dem Heil der Menschen dienen müssten, und ging dafür Konflikte ein, die ihn letztlich das Leben kosteten.

Nachfolge heißt loslassen. Auch wir stehen heute im Spannungsfeld zwischen Erneuerung und Tradition, zwischen Charisma und Amt. Es fällt sowohl der römisch-katholischen Kirche als auch den Kirchen der Orthodoxie schwer, überkommene Strukturen loszulassen. Das ist nachvollziehbar, beruft man sich doch auf eine lange Tradition und will mit dieser nicht brechen. Vielleicht wäre es hilfreich, das Haus des Simon und Andreas erneut zu besuchen, versteht sich doch der Papst als Nachfolger des Petrus und der Patriarch von Konstantinopel als Nachfolger des Andreas. Könnten sie sich nicht wie das Brüderpaar erneut von Jesus am Beispiel der aufgerichteten Schwiegermutter unterweisen lassen, was es bedeutet, von ihm ergriffen zu sein? Gilt es nicht, erneut die Netze der Vergangenheit, die ja manchmal auch gefangen halten, loszulassen und in die Spur Jesu einzutreten?

In den Kirchen, die aus der Reformation hervorgegangen sind, werden seit einigen Jahrzehnten Frauen für die unterschiedlichen Dienste ordiniert. Dabei fällt auf, dass sie bei den meisten katholischen Gläubigen als gleichwertige Geistliche akzeptiert werden. Auch das gilt es zu bedenken. Vielleicht stehen diese Kirchen in der Frauenfrage beispielhafter in der Nachfolge Jesu, indem sie wie er Frauen aufrichten und ihren Dienst zulassen und mit ihrem Vorbild den Kirchen, die sich auf Petrus und Andreas berufen einen zukunftsweisenden Dienst erweisen?

Jesus jedenfalls hat das Leid von Frauen wahrgenommen und offensichtlich den Dienst einer Frau im Haus des Simon und Andreas angenommen. An ihm gilt es, sich ein Beispiel zu nehmen. Mit der Schwiegermutter des Simon ist uns der Dienst der Frauen in der Kirche kurz und prägnant ins Stammbuch geschrieben. Die Frauen jedenfalls sind nicht daran schuld, dass sie mit Fieber im Bett liegen – wir Männer auch nicht. Aber wir könnten etwas daran ändern, wenn wir uns am Menschenfischer von Nazareth orientieren. Können wir es wirklich verantworten, auf die Charismen der Frauen zu verzichten, indem wir um das Haus des Simon und Andreas einen weiten Bogen schlagen und Kafarnaum verlassen? Würde nicht die Kirche im Blick auf ihre Ursprünge durch geweihte Frauen an Authentizität gewinnen?

Jesus jedenfalls hat seine Jünger später noch einmal in einem Haus in Kafarnaum belehrt. Er lässt nicht locker, wenn es um Dienst und Hingabe in seiner Kirche geht.

2. Provokation
Eine Frau lüftet ihr Geheimnis

Vor einiger Zeit hörte ich eine schöne Anekdote: Bei einem 90. Geburtstag wurde die Jubilarin von einem der Gratulanten gefragt, wie sie es denn geschafft hätte, ohne gesundheitliche Einschränkungen so alt zu werden. Die Gefragte antwortete: »Nun, dann verrate ich Ihnen mein Geheimnis. Ich esse jeden Tag eine Zehe Knoblauch!« Dieser gut gemeinte Rat soll daraufhin von einer ihrer Enkel trocken kommentiert worden sein: »Oma, das ist kein Geheimnis!«

Mir gefällt die Anekdote, da durch sie Wesentliches über unser schönes Wort »Geheimnis« zum Ausdruck gebracht wird. Dieses wurde von Martin Luther (1483–1546) geschaffen. Bei seiner Bibelübersetzung ins Deutsche bildete er es für das griechische Wort *mysterion*, bzw. für das lateinische Wort *sacramentum*. In Geheimnis steckt das Wort »heim«, was mit »vertraut« und »zuhause« zu tun hat. Wer miteinander ein Geheimnis teilt, ist in der Regel miteinander vertraut. So konnte Goethe (1749–1832) feststellen: »Wer sich dem Geheimnis anvertraut, ist bereits daheim!«

Durchaus wird mit Geheimnissen auch manche Heimlichkeit oder Heimlichtuerei verbunden. Bei manchen Geheimnissen, die wir mit uns tragen, sind wir froh, wenn sie nicht ans Licht kommen, sondern im Herzen verborgen bleiben. Und doch kennen wir die Erfahrung, dass es sehr erlösend sein kann, wenn sich ein Geheimnis lüftet und wir endlich von der Last der Heimlichkeit befreit werden. Gewiss ist dabei hohe Sensibilität und Diskretion gefragt, damit es nicht zu schmerzlichen Bloßstellungen in der Öffentlichkeit kommt.

In unserer Kirche ist das Beichtgeheimnis ein hohes Gut. Ich bin sehr dankbar, dass ich meine Verfehlungen in aller Diskretion einem Mitbruder anvertrauen kann und mein Sündenbekenntnis nicht öffentlich vor der ganzen Gemeinde ablegen muss, wie es in der jungen Kirche üblich war. Auch wenn meine Umkehr im Verborgenen des Sakramentes bleibt, spüre ich nach der Beichte ein Gefühl von Befreiung, oder wie es ein junger Vater bei einem Erstkommunionelternabend in einem schönen Bild sagte: »Beichten ist für mich wie der Frühling! Ich spüre neues Leben!«

Durchaus kostet es stets Überwindung, meine Verfehlungen ins Wort zu bringen. Manche sind mir wirklich unangenehm und erfüllen mich mit Scham. Aber indem ich sie ausspreche, verlieren gerade böse Gedanken und Absichten, von denen niemand etwas wissen soll, ihre Macht über mich. Im Beichtgespräch ins Wort gebracht gehören sie nicht mehr ausschließlich mir. Sie werden aus dem Innersten veräußert und dadurch aus dem Herzen hinausgeworfen. Nichts anderes meint Benedikt, wenn er uns Mönchen empfiehlt, »böse Gedanken, die sich in unser Herz einschleichen, sofort an Christus zu zerschmettern und dem geistlichen Vater zu eröffnen« (RB 4,50). Das im Herzen Verheimlichte wird durch die Herzenseröffnung entkräftet, sodass wir Versöhnung und Heilung erfahren. Oder wie wir auch sagen könnten: Manch ungute Heimlichkeiten müssen ins Wort gebracht werden, damit wir sie loswerden und dadurch wieder zu uns selber finden und wieder bei uns selbst daheim sind.

Letztlich geschieht das dann, wenn ich mich im Sakrament dem Geheimnis Gottes anvertraue. Er ist es, der alles gut erschaffen hat und der alles in seiner Güte vollenden wird. Wir Christen glauben daran, dass dieses Geheimnis Gottes in Jesus von Nazareth Mensch geworden ist – begreifbar und berührbar, sodass wir in der Begegnung mit ihm heil werden können. Das erfährt eine schwer erkrankte Frau, die Jesus heimlich berührt, und ein Mädchen, das von ihm aufgerichtet wird. Beide finden dadurch heim zu sich selbst, denn: »Wer sich dem Geheimnis anvertraut, ist bereits daheim.«

Die selbstbewusste Ausgegrenzte

Als Jesus im Boot wieder ans andere Ufer hinübergefahren war, versammelte sich eine große Volksmenge bei ihm am See. Da kam ein Synagogenvorsteher namens Jaïrus zu ihm. Als er ihn erblickte, fiel er ihm zu Füßen und bat ihn flehentlich: Meine Tochter liegt im Sterben. Komm und leg ihr die Hände auf, damit sie gerettet wird und am Leben bleibt! Da ging er mit ihm, und eine große Menge folgte und umdrängte ihn. Da war eine Frau, die seit zwölf Jahren an Blutungen litt und von vielen Ärzten viel ausgestanden und ihr ganzes Vermögen darauf verwendet hatte, ohne dass es etwas genützt hätte; es war vielmehr immer schlimmer mit ihr geworden. Sie hatte von Jesus gehört und trat nun unter der Menge von hinten hinzu und berührte sein Gewand. Denn sie dachte: Wenn ich auch nur seine Kleider berühre, werde ich geheilt. Sofort versiegte die Quelle ihres Blutes und sie spürte, dass sie von ihrem Leiden geheilt war. Im selben Augenblick fühlte Jesus, dass eine Kraft von ihm ausgegangen war, und er wandte sich in der Volksmenge um und sagte: Wer hat meine Kleider berührt? Seine Jünger antworteten ihm: Du siehst doch, wie das Volk dich umdrängt, und da fragst du: Wer hat mich berührt? Er aber blickte rings umher, um zu sehen, wer es getan hatte. Da kam die Frau zitternd vor Furcht heran, weil sie wusste, was an ihr geschehen war, fiel vor ihm nieder und sagte ihm die ganze Wahrheit. Er aber sagte zu ihr: Tochter, dein Glaube hat dir Heilung gebracht. Geh hin in Frieden und sei geheilt von deinem Leiden! Während er noch redete, kamen Leute des Synagogenvorstehers und sagten: Deine Tochter ist gestorben. Was bemühst du den Meister noch? Jesus aber, der aufgefangen hatte, was da gesprochen wurde, sagte zu dem Synagogenvorsteher: Fürchte dich nicht, glaube nur! Und er ließ niemand mit sich gehen außer Petrus, Jakobus und Johannes, den Bruder des Jakobus. So kamen sie zum Haus des Synagogenvorstehers und er nahm den Lärm wahr und wie sie weinten und laut wehklagten. Nachdem er eingetreten war, sagte er zu ihnen: Was lärmt und weint ihr? Das Kind ist nicht tot, sondern es schläft. Da verlachten sie ihn. Er aber wies alle hinaus, nahm des Kindes Vater und Mutter sowie seine Begleiter mit sich und ging in die Kammer, in der das Kind lag. Er ergriff die Hand des Kindes und sagte zu ihm: Talita kum!, was übersetzt heißt: Mädchen, ich sage dir, steh auf! Sofort stand das Mädchen auf und ging umher. Es war zwölf Jahre alt. Die Leute gerieten außer sich vor Entsetzen. Er aber gebot ihnen streng, dass niemand etwas davon erfahren dürfe, und sagte, man solle ihr zu essen geben.

Mk 5,21–43

Auch wenn wir die Auferweckung der Tochter des Jaïrus erst im folgenden Kapitel eingehender betrachten werden, sollen einige Gedanken schon jetzt vorangestellt werden, denn beide Geschichten sind kunstvoll miteinander verwoben. Die eine Frau ist die Tochter des Jaïrus, die andere wird von Jesus als »meine Tochter« bezeichnet. Die eine ist zwölf Jahre alt, die andere zwölf Jahre krank. Beide gelten im Urteil der Zeitgenossen als unrein und werden abgesondert: Die eine durch den Tod, die andere durch ihren Blutfluss. Und schließlich werden beide Frauen gerettet: Das Mädchen soll gerettet werden und am Leben bleiben! Die Kranke wird durch ihren Glauben gerettet und bekommt neue Lebenskraft. Dabei fällt erneut auf, dass Jesus keine Berührungsängste gegenüber Frauen hatte, weder mit einer durch Blutfluss, noch mit einer durch Tod unrein gewordenen Frau. Beide Erzählungen geben so eine Antwort auf die Frage, die die Jünger zuvor aufgeworfen hatten: »Was ist das für ein Mann?« (Mk 4,41) Er ist der Retter, der neues Leben schenkt, sodass Gottes Nähe und Herrlichkeit aufstrahlt. Darauf könnte auch der Name Jaïrus verweisen, den manche Exegeten übersetzen mit »Gott wird erwecken!« – »Gott wird erstrahlen!« Das erfahren die beiden Frauen am eigenen Leib.

Vor ihrer Heilung hatte der Evangelist Markus davon berichtet, wie Jesus einen gewaltigen Seesturm bezähmt hatte, der die Jünger in ihrem Boot ernstlich in Lebensgefahr brachte. Aus dem Schlaf aufgeweckt zeigte sich Jesus als der Herr über die Naturgewalten. Die Geschichte enthält eine tiefe Glaubensaussage. Er ist der Auferstandene, der unbegrenzte Macht hat, auch über den Tod hinaus! Nichts anderes verkünden beide österlichen Frauengeschichten: Jesus ist der Retter aus dem Tod, sei es aus dem sozialen Tod des Ausschlusses, sei es über den realen Tod am Lebensende!

Nach der Stillung des Seesturms hatte Jesus im heidnischen Gebiet von Gerasa, also auf der Ostseite des Sees, einen Mann geheilt, der von einem unreinen Geist besessen war und abgesondert von seiner Familie in Grabhöhlen hauste (vgl. Mk 5,1–20). Bildlich gesprochen könnten wir sagen, Jesus befreite einen Menschen aus der Isolation des Grabes und holte ihn vom Tod ins Leben zurück, sodass er zu seiner Familie heim fand. Dieses Thema scheint auch in den beiden folgenden Heilungen durch: Indem die unreine Frau von Jesus geheilt und als Tochter bezeichnet wird, findet sie zur Familie Gottes zurück. Ebenso wird das tote Mädchen seinen Eltern als Lebende zurückgegeben! Wer sich dem Geheimnis anvertraut, ist bereits daheim!

Schauen wir uns die Heilung der kranken Frau etwas genauer an: Nach seinem Ausflug ans Ostufer des Sees kommt Jesus nun an das Westufer zurück. Dort versammelt sich eine unüberschaubare Menschenmenge. Jeder will diesem Wundertäter aus Nazareth, dessen Ruf sich in Galiläa wie ein Lauffeuer verbreitet haben muss, aus der Nähe begegnen.

In dieser Menge befindet sich eine Frau, die seit zwölf Jahren, also schon lange Zeit, an Blutfluss leidet. Nach dem Gesetz des Mose ist sie durch ihre Erkrankung ständig unrein und alles, was sie berührt, wird automatisch unrein (vgl. Lev 15; 19). Als Unberührbare ist sie vom gesellschaftlichen und kultischen Leben gänzlich ausgeschlossen. Kein Kind darf sie auf den Schoß nehmen, keine Freundin umarmen, keinen Mann liebkosen, an keinem Fest teilnehmen usw. Letztlich ist sie durch ihre Krankheit zum sozialen Tod verdammt!

Blutfluss bedeutet ebenso, dass sie kontinuierlich Lebenskraft verliert. Zwölf Jahre beschäftigte sie wahrscheinlich nur dieses eine Thema: »Meine Krankheit und ich!« Alles Mögliche hatte sie schon probiert. Viel Geld hatte sie bei den Ärzten gelassen, aber nichts hatte ihr geholfen, sodass sie die Krankheit auch Schritt für Schritt in den finanziellen Ruin führte. Nüchtern betrachtet befindet sie sich in einer absolut aussichtslosen und zermürbenden Situation und war wahrscheinlich nahe dran, sich selbst aufzugeben.

»Sie hatte von Jesus gehört« (Mk 5,27), heißt es lapidar und nun versucht sie alles, um mit diesem Wundertäter in Kontakt zu kommen. Dabei wird etwas Wesentliches über den Glauben ausgesagt. Der Glaube kommt vom Hören und braucht unser eigenes Dazutun! Die Erkrankte verharrt nicht im Selbstmitleid, sondern handelt selbstständig, ja sie nimmt ihr Leben aktiv in die Hand. »Wenn ich auch nur sein Gewand berühre, werde ich gerettet.« (Mk 5,28) Dahinter steht der Glaube, dass Jesus ganz und gar von göttlicher Kraft erfüllt sein muss, sodass schon der Kontakt mit seinem Gewand zur Heilung ausreicht! Das ist ein Glaube, der gesund macht, der heilt.

Geschützt durch die Verborgenheit und Anonymität der Masse drängt sich die Unreine heimlich an Jesus heran. Schließlich darf niemand mitbekommen, dass sie Jesus berühren will, denn damit würde sie die Gesetzesvorschriften übertreten; sie würde sich strafbar machen, denn auch Jesus würde durch den Kontakt mit ihr unrein werden. Doch ihr Glaube an eine Rettung ist offensichtlich größer als ihre Angst, gegen das Gesetz zu verstoßen. In aller Heimlichkeit überschreitet sie die Grenzen des Erlaubten und erlebt das Unmögliche: Sie spürte an ihrem Leib, »dass sie von ihrem Leiden geheilt war« (Mk 5,29). Das ist Auferweckung zu neuem Leben. Das ist Ostern. Die Nähe des Reiches Gottes erfährt sie hautnah am eigenen Leib!

Dabei fällt auf, dass Jesus bis zu diesem Moment stumm bleibt. Nun aber stellt er die für die Jünger unverständliche Frage: »Wer hat mich berührt?« Auch wir würden seine Reaktion nicht verstehen, wenn wir nicht die Hintergrundinformation hätten, dass Jesus gefühlt hatte, dass eine Kraft von ihm ausging. Die offene Frage und der suchende Blick in die Menge erschüttern die Frau, sodass sie mit Furcht und Zittern aus der Heimlichkeit der Verborgenheit der anonymen Masse heraustritt. Man kann gut mitfühlen, wie es ihr ergangen sein muss, wenn man selbst schon einmal ertappt und vor allen bloßgestellt wurde.

Als Zeichen ihrer Ehrfurcht fällt sie vor Jesus nieder und bekennt ihm alles – die ganze Wahrheit. Damit lüftet sie ihr Geheimnis. In diesem Zusammenhang ist es sehr aufschlussreich, der ursprünglichen Bedeutung des griechischen Wortes für Wahrheit – *aletheia* nachzugehen. Dieses leitet sich von *alethos* ab und bedeutet so viel wie

»nicht-verborgen, unverborgen«. Die Frau tritt also aus der Verborgenheit heraus und wird dadurch zur Verkünderin des unverborgenen, des sichtbaren Glaubens. Genau das will Jesus bezwecken, wenn er öffentlich nach ihr fragt. Es geht ihm nicht um eine Bloßstellung, sondern um ihr Glaubenszeugnis! Die Anwesenden sollen von der Frau glauben lernen. Weder tadelt Jesus sie, noch erzählt er etwas von seiner Erfahrung des Kraftverlustes. Er stellt nicht sich selbst, sondern die Frau ins Zentrum und lobt somit ihr Verhalten. Damit bestätigt er sie vor aller Augen: »Tochter, dein Glaube hat dir Heilung gebracht. Geh hin in Frieden und sei geheilt von deinem Leiden!« (Mk 5,34) Wenn man bedenkt, dass Frauen – wie schon erwähnt – in der jüdischen Gemeinde ihren Glauben nicht öffentlich verkünden durften, dann ist diese Feststellung eine Provokation und verweist bereits auf die Frauen am Ostermorgen. Durch Jesus wird die geheilte Frau zur Verkünderin der Wahrheit – des sichtbaren Glaubens. Damit ist sie nicht mehr gesellschaftlich ausgeschlossen. Das unterstreicht Jesus, wenn er sie als »meine Tochter« anredet. Als geliebtes Kind gehört sie wieder zur Familie Gottes und somit zum erwählten Volk dazu. Dabei erinnert die Anrede »meine Tochter« an die Auseinandersetzung Jesu mit seiner eigenen Familie, die ihn aus der Öffentlichkeit nach Nazareth, in die Verborgenheit der Heimat zurückholen will. Jesus wehrt sich dagegen und stellt fest: »Wer den Willen Gottes tut, der ist mir Bruder und Schwester und Mutter.« (Mk 3,35)

Das ist der tiefere Sinn dieser Auferweckungsgeschichte. Ostern bedeutet, den Willen Gottes zu erfüllen und wie diese Frau gegen alle lebensbedrohlichen Strukturen vorzugehen. Ostern heißt in Berührung zu kommen mit dem, der so viel Lebenskraft hat, dass er die Isolation durchbricht und den Tod besiegt, sodass einem zugesprochen wird: »Mein Kind, dein Glaube hat dich gerettet. Geh in Frieden! Du sollst von deinem Leiden befreit sein!«

Die Heilung der unreinen Frau veranschaulicht dem Leser, dass Jesus Menschen zum Leben befreien will. Der Glaube an ihn soll nicht in Heimlichkeiten drängen. Vielmehr motiviert Jesus dazu, aus der Verborgenheit herauszutreten und die Wahrheit auszusprechen. Dadurch geschieht Befreiung.

Der Glaubensweg, den diese Frau aus eigener Initiative selbstbewusst zurückgelegt hat, beeindruckt nachhaltig. Als Vorbild motiviert sie, uns nicht mit der Ausgrenzung abzufinden, sondern mutig mit Vorschriften zu brechen, die Heilung verhindern. Die Frau steht für einen Glauben, der gesund macht, und sie kann uns darin bestärken, unser Leben beherzt in die Hand zu nehmen nach dem Grundsatz: »Wer sich dem Geheimnis anvertraut, ist bereits daheim!«

Mehr Wahrhaftigkeit durch Freistellung des Pflichtzölibats?

Mich erinnert das Schicksal der Geheilten an den anonymen Bericht einer Frau, den ich einmal in einer großen deutschen Tageszeitung gelesen habe. Seit vielen Jahren, so berichtet sie, ist sie die Weggefährtin eines katholischen Priesters und liebt diesen sehr. Alles geschieht im Geheimen, wie bei vielen anderen solcher Beziehungen auch. Sie schreibt, dass sie gut versteht, warum ihr Mann seinen Beruf nicht aufgeben kann. Schließlich ist er seiner Berufung gefolgt und will dem Evangelium dienen. Ihre Liebe kam erst später. Sie möchte ihn auch nicht unter zusätzlichen Druck setzen, weil sie spürt, wie sehr ihm seine Arbeit Sinn und Erfüllung gibt und die Menschen in seinen Gemeinden ihn als Seelsorger schätzen und brauchen. Und doch würde sie gerne aus der Verborgenheit heraustreten, sich als seine Frau an seiner Seite zeigen, ihn öffentlich liebkosen, an der Hand nehmen und als seine Partnerin Wertschätzung und gesellschaftliche Anerkennung genießen. So müssten sie immer darauf achten, nicht miteinander in der Öffentlichkeit gesehen zu werden oder gar zu vertraut miteinander umzugehen. Und wie schön wäre es, erzählt sie weiter, wenn sie miteinander Kinder hätten haben können. Aber dazu ist es inzwischen zu spät. Und wie wird es einmal sein, wenn sie alt sind oder krank werden?

Mir ist die Ehrlichkeit dieses Berichtes, der ohne Bitterkeit geschrieben ist, sehr nahe gegangen und die Situation dieser Frau hat mich an das Schicksal der Frau im Evangelium erinnert, die, verdammt zum sozialen Tod, von Jesus aus der Verborgenheit ihres Lebens herausgerufen wurde. Geheime Freundschaften mit katholischen Priestern sind ein leidvolles Kapitel der katholischen Kirche. Ganz gewiss ist das zölibatäre Leben ein hohes Gut. Es birgt Offenheit und Verfügbarkeit, ganz für die Sache Gottes einzutreten, und wir Priester haben uns dafür frei entschieden. Dazu gehört auch, Einsamkeit aushalten zu können. Aber leider schafft das nicht jeder, sodass viele Männer ihre priesterliche bzw. klösterliche Berufung wieder aufgegeben haben. Manche fanden in einer Partnerschaft ihr Glück und trauern dem Priesterberuf nicht mehr nach. Andere sind verletzt, da sie sich nach wie vor berufen fühlen, aber ihren Dienst nicht ausüben dürfen. Aber das ist wiederum nur die Männerperspektive ...

Frauen, die eine solche Entscheidung mittragen müssen, sind genauso davon betroffen. Auch sie verbringen einen Teil ihres Lebens im Verborgenen. Als ich den Bericht gelesen habe, sind mir einige Frauen in den Sinn gekommen, von denen ich weiß, dass sie in großer Liebe und Treue als Partnerin mit ihren Männern, die Priester waren, durchs Leben gegangen sind. Gewiss gab es anfangs wie in jeder Liebe die Sehnsucht nach Zärtlichkeit, starkem sexuellen Begehren und dem Einswerden mit einem Du. Das alles ist ja auch etwas Erfüllendes und von Gott Geschenktes. Aber dann ist über die Jahre noch Tieferes herangereift. Ich denke an einen verstorbenen Priester, der in einer schweren Lebenskrise im Alter von 50 Jahren sich in eine Frau verliebt hatte und bis zu seinem Tod mit ihr in Verbindung stand. Eine Zeit lang hatten sie zusammen gewohnt, dann aber erfahren, dass diese Intensität der Lebensgemeinschaft aufgrund ihrer unterschiedlichen Prägungen nicht möglich war. Das war für beide nicht leicht zu akzeptieren. Sie haben ein Leben lang um- und miteinander gerungen. Seine Partnerin hat alle persönlichen und beruflichen Höhen und Tiefen mit ihm getragen, ja ihm sogar aus Liebe geraten, nicht seinen priesterlichen Dienst aufzugeben. Er hätte leicht von ihrem Einkommen mit leben oder in den Schuldienst wechseln können, aber sie wusste einfach, wie sehr er durch seinen Beruf geprägt war. Es war seine Berufung! Als er schwer erkrankte, war es seine Lebensgefährtin, die für ihn treu sorgte, ihn aufopferungsvoll pflegte und beim Sterben liebevoll begleitete. Er war ein guter Seelsorger, der aufgrund seiner Menschlichkeit sehr geschätzt war. Sicherlich verdankte er diese Sensibilität für den Menschen auch seiner Lebensgefährtin, die ihn bisweilen erdete, sodass er »nicht zum Hochwürden verkam«, wie er von sich selbst sagte.

Häufig sind es starke, selbstbewusste Frauen, die sich auf eine Beziehung mit einem Priester einlassen. Ein evangelischer Pastor, der in seiner Landeskirche in Leitungsverantwortung steht, meinte einmal zu mir: »Was könnten solche Paare in eurer Kirche Gutes bewerkstelligen!« Im Blick auf die pastorale Not des sogenannten

Priestermangels stimmt das alles nachdenklich. Es ist gut, dass derzeit über das Thema Pflichtzölibat in unserer Kirche kontrovers diskutiert wird. Aber das sollte nicht nur aus dem Blickwinkel des Notstandes, also eines Zweckes geschehen nach dem Motto: Man sollte doch verheiratete Männer zu Priestern weihen, bzw. die ausgeschiedenen Pfarrer, die geheiratet haben, reaktivieren, um so dem Mangel ein Ende zu setzen. Das mag alles stimmen, aber letztlich ist der Pflichtzölibat mit seinen Schattenseiten eine Frage der »Not-Wendigkeit« im eigentlichen Sinn des Wortes. Welche Not der Verheimlichung könnte gewendet werden, wenn es Priestern offenstünde, allein oder mit einer Frau an ihrer Seite ihren Dienst zu versehen? Dabei geht es um Ehrlichkeit und Aufrichtigkeit und um die Sehnsucht, die Verborgenheit endlich verlassen zu können. Die Kirche würde an Wahrhaftigkeit und Glaubwürdigkeit gewinnen. Wie wohltuend wäre eine ehrliche Herzenseröffnung! Auch für die Kirche wäre es eine Befreiung, die letztlich der Heilung und Gesundung dienen könnte. Manche Frauen und Männer würden von ihrem schlechten Gewissen und ihrer Heimlichtuerei erlöst werden und könnten sich wie die geheilte Frau befreit in das Leben der Gemeinde einbringen.

Noch ein weiterer innerkirchlicher Themenbereich kommt mir in diesem Zusammenhang in den Sinn: Der Umgang mit Paaren, die in ihrer ersten Ehe gescheitert sind und sich nach einem Neuanfang sehnen. Unumstritten warnte Jesus vor der Beliebigkeit des Ehebruchs (vgl. Mk 10,1–12). Die Ehe ist als Sakrament ein hohes Gut, in der das Geheimnis der Liebe Gottes sichtbar wird. Mit der Liebe spielt man nicht und bisweilen hat es den Anschein, dass manche Paare sich sehr schnell voneinander trennen, ohne zuvor ehrlich miteinander und um die gemeinsame Zukunft gerungen zu haben. Aber war früher, als eine Trennung ein gesellschaftliches Tabu war, wirklich alles besser, wie man mitunter hört? Wie viel Doppelbödigkeit hatte das zu Folge! Was mussten gerade Frauen leiden, deren Männer mehr oder weniger heimlich in einer anderen Beziehung lebten oder die gar häuslicher Gewalt ihrer unzufriedenen Männer ausgesetzt waren! Wie viele Paare blieben zusammen, weil es den guten Ruf nach außen zu wahren galt und eine Trennung nicht infrage kam! – Viele von ihnen machten sich gegenseitig im Geheimen das Leben zur Hölle.

Kirchenrechtlich betrachtet ist ein Urteil nach einer Scheidung leicht. Eine zweite Ehe gibt es nicht und man könnte wie beim Zölibat argumentieren: Das hätten sich die Betroffenen schon früher überlegen sollen, welche Konsequenzen sie mit einer kirchlichen Ehe eingehen. Aber damit wird man dem Leben nicht gerecht, in dem sich nicht alles so planen lässt, wie wir es gerne hätten. Es gibt echte Entfremdungsprozesse, die zu schmerzlichen Trennungen führen können und müssen. Warum kann es dann keine zweite Chance geben? Das hatte Jesus wohl nicht gemeint, als er besonders Frauen davor bewahren wollte, dass sie aus jedem x-beliebigen Grund von ihren Männern aus der Ehe entlassen werden konnten (vgl. Mk 10,1–12). Ganz gewiss spricht Jesus vom Ehebruch, wenn ein Mann seine Frau oder eine Frau einen Mann aus der Ehe entlässt und erneut heiratet. Aber die Geschichte Gottes mit dem Menschen ist voll von Brüchen und trotzdem wagte Gott immer wieder den Neuanfang mit seinem Volk. Gerade deswegen kommt er uns Menschen in seinem Sohn nahe, um Grenzen niederzureißen und mit seiner Lebenskraft Neues zu bewirken. Dies hatte die Frau im Evangelium in der Berührung seines Gewandes erlebt, mit der sie mutig mit den religiösen Vorschriften ihrer Zeit brach. Letztlich verkündet sie bis heute den Glauben, dass die Nähe zu Jesus aus der Isolation befreit, die Plage wegnimmt und neue Lebensperspektiven schenkt. Dies aber hat Konsequenzen für die viel diskutierte Frage zum Kommunionempfang von Geschiedenen und Wiederverheirateten. Wenn Jesus wirklich in Brot und Wein mit seinem Leib und Blut gegenwärtig ist, wie wir im Sakrament der Eucharistie glauben und bekennen, dann kann man nur dazu motivieren, sein Gewand zu berühren und ihn in Brot und Wein aufzunehmen. Die Unreinheit der Frau hat ihm nicht geschadet, ganz im Gegenteil: Sie erfuhr Heilung! Dann wird ihm auch nicht das schaden, was als schwere Sünde bezeichnet wird. Als könnten wir ihn anstecken oder beflecken! Vielmehr gilt es, auf die heilende Kraft der Sakramente der Versöhnung und der Eucharistie zu vertrauen, Gottes heilende Nähe darin zu suchen, wie es die Frau tat, sodass Menschen in ihrer Gebrochenheit ein Neuanfang zugesprochen wird: »Meine Tochter, mein Sohn, dein Glaube hat dir geholfen. Geh in Frieden! Du sollst von deinem Leiden geheilt sein.« Der Frau jedenfalls genügte ein Zipfel seines Gewandes, um ganz und gar geheilt zu werden! Sie hat sich nicht mit den Vorschriften abgefunden, sondern ihr Schicksal selbst in die Hand genommen. Jesus hat ihre mutige Tat vor allen herausgestellt: »Dein Glaube hat dich gerettet!« Ihr Glaube hat sie gesund gemacht, denn wer sich dem Geheimnis anvertraut, der ist bereits daheim.

3. Provokation
Eine Frau lebt auf

Gerne beobachte ich Kinder, wenn sie Geschenke aus-
packen und sich an ihren neuen Spielsachen freuen. Dabei wurde ich einmal von einem Kind gefragt, was denn
mein Lieblingsspielzeug sei. Ich konnte in dem Moment
keine Antwort geben und beim Nachdenken wurde mir
bewusst, dass uns etwas Wesentliches im Leben fehlt,
wenn wir nichts zum Spielen haben.

Das Spiel ist einerseits zweckfrei, aber andererseits
nicht sinnlos. Es macht locker, bringt einen auf andere
Gedanken und reißt einen aus dem Ernst des Lebens heraus. Das Spiel fordert unsere Kreativität und Spontaneität. Beim Spiel zeigen wir unser wahres Gesicht, wenn
wir z.B. nicht verlieren können oder uns darüber freuen,
einen Mitspieler zu überholen, um als Erster ins Ziel zu
kommen.

Der Theologe Hugo Rahner (1900–1968) schreibt davon,
dass wir als Menschen Abbilder des »spielenden Gottes«
(lat. *deus ludens*) sind. Die gesamte Schöpfung sei Ausdruck seines spielerischen Schaffens. So verstanden ist es
eine reizvolle Idee, das Kind in uns zu wecken, um dadurch spielerisch das Leben aus einer anderen Perspek-

tive zu erleben. Welche Kindheitsbilder erscheinen in mir? Was ist daraus geworden? Was sind meine Jugendträume? Was waren oder sind meine liebsten Spielsachen?

All das hilft, offen zu bleiben für Neues, und bewahrt uns davor, ständig über die schlechte Welt zu klagen oder alldem nachzutrauern, was nicht mehr ist. Auch werden wir dadurch motiviert, weiterhin spielerisch durchs Leben zu gehen und uns zu fragen: Womit will Gott uns heute überraschen? Wo weckt er in Kirche und Gesellschaft neues Leben und was können wir daraus lernen? Wie will er uns aus unseren sicheren Verstecken herauslocken, damit wir neue Spielräume entdecken?

Dabei kann es helfen, Kinder und Jugendliche in den Blick zu nehmen. Diese erkunden Schritt für Schritt ihre Welt. Sie experimentieren auch auf die Gefahr hin, zu scheitern. Kinder können noch vertrauen. Sie sind offen und verletzlich und zeigen frei ihre Zuneigung. Jugendliche haben Träume und Visionen, reiche Fantasie und glauben an Ideale für eine bessere Welt.

Viele Herausforderungen und Probleme unserer Zeit würden etwas von ihrer Erdenschwere verlieren, wenn wir sie mit einer jugendlichen Leichtigkeit angingen. Auch unserer Kirche täte ein bisschen mehr »Lebensfreude« oder, wie es Jugendliche sagen, »Spaß am Leben« gut.

In unserer Regel empfiehlt der heilige Benedikt dem Abt, gerade auch den Rat .der Jüngsten in der Klostergemeinschaft einzuholen, »weil der Herr oft einem Jüngeren offenbart, was das Bessere ist« (RB 3,3). Zum einen haben Anfänger noch Ideale und sind der Quelle näher. Sie kommen z.B. noch pünktlich zu den Gottesdiensten, haben Freude daran, in der Öffentlichkeit das Ordensgewand zu tragen, oder nehmen sich Zeit, um manche bekannte Geschichte eines älteren Mitbruders erneut anzuhören. An den Novizen kann man sich oft abschauen, wie das Ideal des Mönchtums aussieht. Zum anderen bringen sie neue Ideen ein und hinterfragen Routineabläufe: Warum macht ihr das so? Welche Geschichte und welcher Sinn stehen hinter dieser Tradition? Könnte man das nicht auch anders machen? Ich habe da eine Idee …

All das schwingt mit, wenn Jesus im Evangelium über das tote Mädchen sagt: »Das Kind ist nicht tot, sondern es schläft!«

Die auferweckte Tochter

Während er noch redete, kamen Leute des Synagogenvorstehers und sagten: Deine Tochter ist gestorben. Was bemühst du den Meister noch? Jesus aber, der aufgefangen hatte, was da gesprochen wurde, sagte zu dem Synagogenvorsteher: Fürchte dich nicht, glaube nur! Und er ließ niemand mit sich gehen außer Petrus, Jakobus und Johannes, den Bruder des Jakobus. So kamen sie zum Haus des Synagogenvorstehers und er nahm den Lärm wahr und wie sie weinten und laut wehklagten. Nachdem er eingetreten war, sagte er zu ihnen: Was lärmt und weint ihr? Das Kind ist nicht tot, sondern es schläft. Da verlachten sie ihn. Er aber wies alle hinaus, nahm des Kindes Vater und Mutter sowie seine Begleiter mit sich und ging in die Kammer, in der das Kind lag. Er ergriff die Hand des Kindes und sagte zu ihm: Talita kum!, was übersetzt heißt: Mädchen, ich sage dir, steh auf! Sofort stand das Mädchen auf und ging umher. Es war zwölf Jahre alt. Die Leute gerieten außer sich vor Entsetzen. Er aber gebot ihnen streng, dass niemand etwas davon erfahren dürfe, und sagte, man solle ihr zu essen geben.

Mk 5,35–43

Das Markusevangelium kennt nur eine Totenerweckung und diese erfährt eine junge Frau. In den anderen Evangelien werden auch Männer zu neuem Leben erweckt (vgl. Lk 7,11–17; Joh 11,11–44). Damit korrespondiert dieses spektakulärste Wunder des Markusevangeliums sowohl mit der Heilung der Schwiegermutter zu Beginn als auch mit der Erweckung Jesu am Ende, die den drei Frauen am Grab verkündet wird. Man könnte fast denken, Auferweckung und Ostern geht zunächst Frauen etwas an. Dabei ist es der Vater des Kindes, der mit großem Vertrauen Jesus um die Heilung seiner Tochter bittet. Er soll in sein Haus kommen, seine Tochter berühren und ihr so Rettung und Leben schenken. Und Jesus geht mit ihm mit. Allein dieser Umstand ist schon »Frohe Botschaft« – »Evangelium« für Jaïrus und für uns als Leser.

Jesus geht mit uns Menschen mit. Er teilt unsere Not und lässt sich von unseren Bitten bewegen. Er schenkt Rettung und Leben!

In der Verwobenheit der beiden Heilungsgeschichten liegt eine bedrückende Dramaturgie: Während die an Blutfluss erkrankte Frau als »Tochter« durch Jesus neues Leben empfängt, wird zeitgleich dem Vater die traurige Botschaft übermittelt: »Deine Tochter ist gestorben!« Fast möchte man meinen, dass die Verzögerung durch die Heilung der einen Frau zum Tod der anderen geführt hat. Doch Jaïrus wird zugesagt: »Fürchte dich nicht, glaube nur!« Damit bekommt der Synagogenvorsteher die geheilte Frau zum Vorbild. Wie ihr aufgrund ihres Glaubens geholfen wurde, so wird auch Jaïrus mit seiner Bitte nicht unerhört bleiben. Zugleich werden mit den Worten »Fürchte dich nicht, glaube nur!« die Jünger an ihre Glaubenszweifel beim Seesturm erinnert, als Jesus sie tadelte: »Was seid ihr so furchtsam? Habt ihr noch keinen Glauben?« (Mk 4,40) Angst ist immer das Gegenteil von Vertrauen, so die Quintessenz dieser Aussage, da sie uns einengt und Leben unterdrückt.

Die Auswahl der drei Begleiter Petrus, Jakobus und Johannes deutet darauf hin, dass etwas Exklusives geschehen wird. Mit ihnen wird Jesus später den Berg der Verklärung besteigen. Dort wird ihnen veranschaulicht, dass Jesus aus Nazareth Gottes Sohn ist, der den Tod besiegen wird (vgl. Mk 9,2–8). Im weiteren Verlauf des Evangeliums werden die drei in der Nacht vor Jesu Tod am Ölberg einschlafen (vgl. Mk 14,32–42). Drei Mal müssen sie von ihm aufgeweckt werden! Beide Szenen korrespondieren mit der Erweckungsgeschichte des Mädchens, von dem Jesus sagt: »Sie schläft nur!« Im Unterschied zu den drei mutigen Frauen, die Jesus auf seinem Leidensweg bis ans Kreuz begleiten und sein Grab am Ostermorgen aufsuchen, versagen die Jünger. Eigentlich hätten sie sich nur daran erinnern müssen, was sie im Haus des Jaïrus und auf dem Berg der Verklärung erlebt haben. Aber voll Angst und Furcht machen sie sich aus dem Staub. Mit dieser Schilderung will das Markusevangelium weniger ihr beschämendes Verhalten kritisieren. Vielmehr sollen die drei Jünger für die bedrängte Gemeinde, die unter Verachtung und Verfolgung leidet, sowie für jeden Leser, dessen Glauben angefochten ist und der Angst verspürt, Trost und Ermutigung sein. Auch wenn wir versagen, können wir trotzdem auf einen Neuanfang hoffen. Gott erweckt immer wieder neues Leben.

Aber kehren wir zur Totenerweckung des Mädchens zurück. Wie bei der Heilung der Schwiegermutter des Simon findet auch diese in der Geborgenheit eines Hauses statt. Indem Jesus das Haus des Jaïrus besucht, geht er in den Ort des Todes hinein! Er stellt sich der konkreten Not von uns Menschen, auch unseren Todeserfahrungen!

Während die Klagenden ihrer Trauer mit Weinen und Schluchzen freien Lauf lassen, akzeptiert Jesus diese Sicht des Todes nicht. Souverän wirft er alle, die das Mädchen für tot erklären, aus dem Haus hinaus. Der Evangelist Markus verwendet dazu das griechische Wörtchen *ekbalo*, das sich sowohl bei Dämonenaustreibungen (vgl. Mk 1,34) als auch bei der Tempelreinigung wiederfindet, wenn Jesus die Händler und Geldwechsler aus dem Gotteshaus vertreiben wird mit dem Hinweis, dass das Haus Gottes nicht zur Räuberhöhle verkommen darf (vgl. Mk 11,15–17). Gleiches gilt auch für das Haus des Jaïrus: Im Haus, in dem Auferweckung geschehen soll, ist kein Platz für Trauer und Klage: »Das Kind ist nicht gestorben, sondern es schläft!« (Mk 5,39) Die Aussage, die der Evangelist Markus damit trifft, ist tiefsinnig. Aus der Sicht Gottes ist der Tod nur Schlaf, aus dem er den Verstorbenen aufwecken will. Das bedeutet, der Tod ist nur vorläufig.

Der Hinweis auf das schlafende Kind korrespondiert mit dem Seesturmwunder, von dem das Markusevangelium zuvor berichtet hatte. In ihrer Not wecken die Jünger den schlafenden Jesus mit dem Vorwurf: »Meister, liegt dir nichts daran, dass wir zugrunde gehen?« (Mk 4,38) Als Aufgeweckter oder, wie wir auch sagen könnten, als Auferweckter gebietet nun Jesus den Naturgewalten, sodass die Jünger nicht im nächtlichen Sturm untergehen, sondern aus diesem gerettet werden. Er ist der Menschenfischer! Nichts anderes erfährt das junge Mädchen, das von Jesus aus dem Schlaf aufgeweckt, bzw., wie wir auch sagen könnten, aus der Nacht des Todes in ein neues Leben »heraus-gefischt« wird.

Dabei erinnert ihre Auferweckung an die Heilung der Schwiegermutter des Simon: Jesus ergreift das junge Mädchen an der Hand. Auch hier wird wieder das griechische Wort *krateo* verwendet. Durch die Berührung gibt Jesus dem Mädchen neue Lebenskraft. Er weiht sie in sein Lebensprinzip, in sein Ostergeheimnis ein, sodass sich der Wunsch des Vaters nach »Rettung und Leben« erfüllt. Erneut hat Jesus keine Angst davor, sich durch die Berührung – hier von einer Toten – zu verunreinigen. Gebieterisch ruft er dem Mädchen zu: »Wach auf! – Steh auf!« Das ist der Ruf dessen, der vom Tod erweckt. Erneut verwendet der Evangelist Markus das Wort *egeirein* – »aufwecken«. Im Haus des Jaïrus wird Ostern erfahrbar!

Bei dem zwölfjährigen Mädchen handelt es sich um einen werdenden Teenager. Es ist nicht mehr ganz Kind, aber auch noch keine Erwachsene. Damit steht die junge Frau für die Zukunft. Wenn Jesus sie auffordert, umherzugehen und die Anwesenden bittet, dem Kind etwas zu essen zu geben, dann verdeutlicht dies: Die junge Frau lebt wirklich, sie hat nur geschlafen! Der Raum der Trauer wird mit neuem Leben erfüllt. Etwas Spielerisches und Leichtes liegt über der Schlussszene. Die todernste Stimmung scheint wie weggeblasen und jugendliche Lebenskraft macht sich breit.

Sicherlich konnte diese spektakuläre Totenerweckung nicht verheimlicht werden. Das Schweigegebot, das Jesus ausspricht, meint vielmehr, dass die Auferweckung der Zwölfjährigen erst im Zusammenhang mit seinem Tod und seiner Auferstehung richtig verstanden werden kann (vgl. Mk 16,6).

Im Grunde könnte schon durch die Erweckung des Mädchens der Leser zur Einsicht gelangen, dass Jesus allen lebenzerstörenden Mächten und damit dem Tod den Kampf angesagt hat! Er findet sich mit dem Tod nicht ab, sondern hat die Macht über ihn. Das hat Konsequenzen für unseren Glauben: Jesus will unser Leben. Oder wie er es ausdrückt: Gott ist ein Gott der Lebenden und nicht der Toten (vgl. Mk 12,27). Die Gesetze von Werden und Vergehen sind mit ihm durchbrochen. Das aber bedeutet für die Jüngergemeinde zu allen Zeiten, dass wir uns nicht auf den Tod, sondern auf das Leben mit Jesus vorbereiten müssen. Wer wie das Mädchen von ihm ergriffen wird, der hat das Leben und wird immer wieder vom Leben überrascht werden. »Mädchen, ich sage dir, steh auf!« Das ist die Osterbotschaft, die das Mädchen ohne große Worte verkündet, indem es aufsteht und das Haus mit Leben erfüllt.

Mehr Lebendigkeit durch Experimentierfelder für Jugendliche?

In unserem Land sorgen sich viele engagierte Christen um die Zukunft der Kirche. Andauernde hohe Austrittszahlen, Verdunstung von Glaubenspraxis und -wissen,

Rückgang von haupt- und ehrenamtlichen Mitarbeitern, Schließungen von kirchlichen Einrichtungen und vieles andere mehr beschreiben stichwortartig den dramatischen Abwärtstrend der vergangenen Jahrzehnte. Manches an kirchlichem Leben wird zu Grabe getragen und die Stimmung in den Gemeinden ist eher von trauriger Resignation als von freudigem Aufbruch geprägt. Wo mag das alles noch hinführen?

Gewiss ist der Umbruch, den wir nun schon seit einigen Jahrzehnten erleben, massiv und verlangt, dass wir vieles loslassen müssen, was einst mit großem Engagement aufgebaut wurde. Dieser Trauerprozess ist für alle Beteiligten schwer. Wenn beispielsweise Gemeinden ihre erkämpfte Eigenständigkeit wieder verlieren, Kirchen und Pfarrzentren, die einmal unter aufwändiger Mittelbeschaffung errichteten wurden, abgerissen oder traditionsreiche Ordensniederlassungen geschlossen werden müssen. Allenthalben wird gejammert einerseits mit der Erwartung, es könnte sich vielleicht doch noch etwas ändern, andererseits in der Überzeugung, dass es noch viel schlimmer kommen wird. Aber gleichen wir nicht damit den Klagenden, die den allzu frühen Tod des Mädchens beweinen?

Dagegen steht der Glaube des Jaïrus, der für sein Kind Rettung und Leben erbittet. Mit ihm könnten wir fragen: Welches Kind liegt heute in unserem Haus, in unserer Kirche, im Sterben, für das wir Leben und Rettung erbeten?

Für die Zukunft der Kirche wird viel gebetet. Wir bitten um mehr Priester- und Ordensberufungen. Wir beten darum, dass der Glaube weitergeht und in den kommenden Generationen zu neuem Leben aufblüht. Diese Vergewisserung im Gebet ist bestimmt ein hohes Gut, für das wir dankbar sein dürfen. Aber lassen wir es zu, dass Jesus wirklich neues Leben erweckt oder gleichen wir nicht manchmal den Todesboten, die die traurige Nachricht übermitteln: »Deine Tochter ist gestorben. Warum bemühst du den Meister noch länger«? Wie oft höre ich: »Das hat doch keinen Sinn! Die Zeit der Kirche ist vorbei! Das Christentum hat im Westen ausgedient!« Diese Einschätzung mag zum Teil stimmen und vielleicht ist es ja gut, wenn manch Vergangenes zu Grabe getragen wird.

Jesus dagegen fordert das Mädchen auf, aufzustehen und sich zu bewegen, und bittet ihre Eltern, ihrer Tochter etwas zu essen zu geben. Auch darin könnten wir uns entdecken: Welche »Lebensmittel« im übertragenen Sinn könnten wir heute Jugendlichen anbieten? Welche kirchlichen Lebensräume, Experimentier- und Spielfelder eröffnen wir ihnen? Können wir daran glauben, dass Gott manchmal durch Jüngere offenbart, was das Bessere ist?

Es ist nachvollziehbar, dass viele Jugendliche mit der tradierten Glaubenslehre und den Moralvorstellungen nichts anfangen können. Sicherlich gibt es gut gemeinte Vermittlungsversuche wie etwa den Jugendkatechismus oder Jugendkirchen. Aber kirchlich weit entfernte Jugendliche erreicht man damit nur selten. Es wäre ein spannendes Projekt, diese spielerisch in die Verantwortung zu nehmen. Was würden sie als Lehrer des Glaubens z. B. aus den Themen Jungfrauengeburt oder päpstlichen Primat machen? Wie würden sie entscheiden, wenn sie als Bischof einer Diözese mit dem Priestermangel konfrontiert wären? Wie beurteilen sie Homosexualität oder künstliche Geburtenplanung oder andere Themen?

Mit Blick auf die gegenwärtigen Herausforderungen ist es daher berechtigt zu fragen: Wann hören wir wirklich auf Kinder und Jugendliche und nehmen ihren Rat ernst? Gerade bei Firmungen spüre ich, welch strotzende Lebenskraft durch die Jugendlichen in der Kirche präsent ist. Wie schön wäre es, wenn dies so bliebe. Sicher würde das heißen, Veränderungen zuzulassen oder sogar manch liebgewonnene Traditionen aufzugeben. Welche Spielräume haben wir?

In diesem Zusammenhang erinnere ich mich an eine Bischofspredigt zum Fest Mariae Himmelfahrt. »Es ist doch verwunderlich, dass über dieses Fest überhaupt nichts Konkretes in der Bibel zu finden sei«, meinte der Bischof und verglich dann die Kirche mit einem Mann, der in jungen Jahren geheiratet hatte. Auch er würde mit jedem neuen Ehejahr immer neue Seiten an seiner Frau entdecken, sodass er erst im Laufe des Lebens ihre voll entfaltete Persönlichkeit kennenlernen kann. Der Vergleich gefällt mir, weil er einen Entwicklungsprozess des Glaubens beschreibt und für die Zukunft vieles offen lässt. Kann es daher sein, dass uns gerade mithilfe von

Jugendlichen neue Glaubenswelten erschlossen würden? Könnte es im Hinblick auf die lange Glaubensentwicklung der Kirche zu einer neuen Rückbesinnung kommen, welche Themen existenziell für das Christentum sind und welche weniger? Könnte dadurch auch der ökumenische Prozess neue Lebenskraft bekommen?

In der Begegnung mit Jugendlichen bin ich immer wieder überrascht, wie unkompliziert diese manches Problem angehen, das für uns Erwachsene schier unlösbar erscheint. Es wäre ein Versuch, wieder unbedarft Jesus und seinem Wort zu vertrauen: »Warum schreit und weint ihr? Das Kind ist nicht gestorben, es schläft nur!« Können wir es zulassen, dass Jesus seine Kirche aufweckt, indem er uns zuruft: »Mädchen, ich sage dir, steh auf!«? Hier wäre es ebenso spannend zu entdecken, welche neuen Glaubensbewegungen es in den sogenannten jungen Kirchen Afrikas oder Asiens gibt. Es ist für mich immer wieder beeindruckend, wie unbedarft und offenherzig Christen von diesen Kontinenten über Jesus und seine Präsenz in ihrem Leben sprechen und welch großes Gottvertrauen sie auszeichnet. Das gilt auch für sogenannte Neubekehrte bei uns. Manchmal mag es zunächst etwas befremdlich wirken, wenn so direkt von Gottes Existenz gesprochen wird und Jesus allgegenwärtig ist. Das kann natürlich auch auf die Nerven gehen. Zugleich aber ist es eine Infragestellung: Wie sprichst du von ihm, wie bringst du ihn ins Gespräch? Was heißt es für uns als Kirche und Gemeinden, wenn wir kleiner werden und Macht einbüßen? Ist das etwa gemeint, wenn Jesus uns auffordert, wie die Kinder zu werden?

Vielleicht ist dieser Prozess des »Kleinerwerdens« wirklich eine große Chance, neu das Kind aufzuwecken, indem wir andere, vielleicht auch eigenartig erscheinende Wege der Glaubensverkündigung einschlagen. Ich denke in diesem Zusammenhang an eine Gruppe von Jugendlichen, denen ich bei einem Workshop zum Thema »Jugendmission« bei einem katholischen Jugendfestival begegnet bin. Ich dachte zunächst, dass es dabei um die Frage ginge, wie die heutige Jugend missioniert werden könnte. Bald aber wurde ich eines Besseren belehrt. Ein Jugendlicher erzählte den Teilnehmern, dass er vor einiger Zeit einmal wieder im Sonntagsgottesdienst gewesen sei. Dabei wurde das Evangelium von der Aussendung der Jünger verkündet, das im Anschluss zur Auferweckung des toten Mädchens im Markusevangelium zu finden ist (vgl. Mk 6,6–12). Zuvor hatte Jesus die Ablehnung in seiner eigenen Familie und seiner Heimatstadt erlebt, weshalb er in die benachbarten Dörfer zog. Hier sandte er seine Jünger jeweils zu zweit aus mit dem Hinweis, nichts auf den Weg mitzunehmen – kein Brot, keine Vorratstasche, kein Geld usw. Der Jugendliche meinte: »Cool, das möchte ich auch ausprobieren!« Also suchte er sich Gesinnungsgenossen. Zuvor wurde vereinbart, was mitgenommen werden durfte und was nicht. Man einigte sich darauf: Kein Geld, keine Handys, nur die notwendigsten Kleidungsstücke und Dinge. Sie starteten an einem Pfingstmontagvormittag und verbrachten zunächst, da das Wetter schön war, einige Zeit an einem See. Doch irgendwann stellten sich Hunger und Durst ein. Also machten sie sich auf den Weg in die nächste Ortschaft, klingelten an den Haustüren und boten ihre Dienste an: »Sollen wir bei Ihnen den Rasen mähen oder Ihr Auto waschen?« – »Für was braucht ihr denn das Geld?«, wurden sie gefragt. Ihre stereotype Antwort lautete: »Wir nehmen das Evangelium ernst.« Dann erzählten sie von ihrem Projekt, sodass sie bald zum Abendessen eingeladen wurden und eine Übernachtungsmöglichkeit fanden! Am nächsten Tag wanderten sie über Land und kamen bei einer Bäuerin vorbei, die im Garten arbeitete. Etwas neugierig wollte diese von den Jugendlichen wissen, ob sie eine Wandergruppe seien. Diese antworteten ihr: »Nein, wir nehmen das Evangelium ernst!« Wiederum wurden sie eingeladen. Sie halfen abends im Stall mit, hörten die Lebens- und Glaubensgeschichte der verwitweten Frau und tauschten sich mit ihr aus. Am nächsten Tag machten sie an einem Bahnhof Halt, packten ihre Gitarren aus, machten Musik und stellten einen Hut vor sich auf. »Für wen sammelt ihr?«, wurden sie von den Wartenden gefragt. Erneut antworteten sie: »Wir nehmen das Evangelium ernst!« und erzählten ihre Geschichte. Mich hat dieser Bericht der »Jugendmission« nachhaltig beeindruckt. Wie würde eine Firmvorbereitung in unseren Gemeinden aussehen, wenn die Firmlinge zusammen mit älteren Jugendlichen auf diese Weise für einen Tag ausgesandt werden würden? Könnte das nicht auch ein Projekt z. B. für einen neu gewählten Pfarrgemeinderat sein? Wie erginge es einem Domkapitel, wenn das Kind in ihnen so geweckt würde? Vielleicht sollten wir das Evangelium wirklich unbedarfter ernst nehmen und Spaß daran entwickeln, die frohe Botschaft mit etwas mehr Leichtigkeit ins Gespräch und unter die Leute zu bringen.

Eines jedenfalls steht fest: Weder die Todesboten noch die Klagefrauen haben Platz im Haus des Jaïrus. Sie haben den Tod in sich. Jesus dagegen weckt das Kind auf, wie es spätere Heilige wie Franziskus (1181–1226), Philip Neri (1515–1595), Don Bosco (1815–1888) und viele andere ihm gleichtaten. Franziskus hatte in kindlichem Gottvertrauen z. B. den Tieren gepredigt und die Weihnachtsszene mit Zeitgenossen nachgespielt. Von Philip Neri sind viele humoristische Anekdoten überliefert und Don Bosco hatte sich ganz der Lebenswelt von Kindern und Jugendlichen geöffnet. Sie alle stehen für die Leichtigkeit des Seins und vertrauten dem Wort: »Wer das Reich Gottes nicht annimmt wie ein Kind, wird nicht hineingelangen.« (Mk 10,15)

Vielleicht sind wir wirklich viel zu erwachsen, indem wir vernünftig einwenden: »Das geht nicht! Das haben wir schon immer so gemacht! Das hat bei uns Tradition!« Eigentlich sind dies alles sogenannte »Todschlagargumente«, die neues Leben vernichten. Damit gleichen wir bisweilen Eltern, die nicht begreifen wollen, dass ihre Kinder langsam erwachsen werden, eigene Wege gehen,

Schritt für Schritt selbst Verantwortung übernehmen und ihre Welt selbstständig gestalten müssen. Wir wollen sie vor allem schützen und in einem elfenbeinernen Turm von Glaubenswahrheiten und Moralvorstellungen einsperren.

Die Erweckung der Tochter des Jaïrus motiviert dazu, nicht nur Jugendlichen in unserer Kirche Lebens- und Spielräume zu geben, ihnen zuzurufen: »Steht auf!«, sondern auch in uns das Kind aufzuwecken.

Dabei muss uns bewusst sein, dass Teenager nicht alles richtig machen und manche Erfahrungen in der Pubertät auch bitter sind, ja sogar verletzen und enttäuschen können. Das wird auch dieser jungen Frau und ihren Eltern nicht erspart geblieben sein. Jugendliche brauchen Freiheit, um ihre eigenen Erfahrungen zu machen. Ebenso brauchen sie das Korrektiv der Erwachsenen. Für diese allerdings ist es häufig gar nicht so einfach, festzustellen, wann der Konflikt und wann die lange Leine gefragt sind. Könnten uns aufgeweckte Teenager, auch wenn sie im Lebensalter schon fortgeschrittener sein sollten, dabei helfen, wieder das wirklich Wesentliche unseres Glaubens in den Blick zu nehmen?

Die Ostergeschichte, die sich im Haus des Jaïrus ereignet, ist eine Ermutigung, das Kind in uns aufzuwecken. Was würde sich in meinem Leben alles bewegen, wenn ich dazu nur den Mut hätte! Eine befreundete Therapeutin verwendet dazu ein schönes Bild. Sie sagt, in ihrer Seele wohnen zwei Kinder. Das eine ist ein Junge, der sehr besonnen und vernünftig ist. Seine strenge, graue Kleidung gleicht ein wenig der eines Mönches. Nichts überlässt er dem Zufall. Alles will er genau planen und vernünftig organisieren. Das andere Kind ist ein pausbackiges Mädchen mit einem feuerroten Kleid, das einfach Spaß am Leben haben will. Es ist in seiner Lebenskraft kaum zu bändigen und probiert viel Neues aus. Immer wieder wird es daher von dem Jungen zurechtgewiesen. Aber manchmal, wenn dieser schläft oder nicht aufpasst, ermutigt dieses Mädchen die Therapeutin, verrückte Sachen auszuprobieren oder ihren Emotionen freien Lauf zu lassen. Beide Kinder sind für sie wichtig, daher darf auch keines von beiden in ihrem Leben zu kurz kommen. Manchmal würden sie miteinander streiten, bisweilen gewinnt der Junge, bisweilen gewinnt das Mädchen ...

Mich spricht dieses Bild an. Vielleicht täte es uns als »Männer der Kirche« gut, dem pausbackigen Mädchen mit seinem feuerroten Kleid mehr Spielraum zu lassen, ganz entsprechend der Aufforderung Jesu: »Talita kum – Mädchen, ich sage dir, steh auf!«

4. Provokation
Eine Frau korrigiert den Meister

»Mia san mia!« Mit diesen Worten begrüßte ein syrischer Flüchtlingsjunge einen Mitarbeiter des Asylhelferkreises in Andechs. Dieser verstand ihn leider nicht, da er als geborener Hesse des bayerischen Dialektes noch nicht so sehr kundig ist. »Mia san mia!« – dieses gern zitierte Kürzel bringt das bayerische Selbstbewusstsein zum Ausdruck. Im Internet ist dazu für alle »Zugroasten« (Zugereisten), wie die Nichtbayern genannt werden, erklärend nachzulesen: »Es besagt, dass die Bayern von sich und ihren Taten überzeugt sind und sich nicht gerne dreinreden lassen.« Anscheinend hatte sich der Flüchtlingsjunge schon gut in seine neue Heimat integriert.

Ein gesundes Selbstbewusstsein ist viel wert. Es zeugt von Identität, Durchsetzungskraft und Selbstsicherheit. Freilich kann es auch zu ungutem Stolz und blinder Egozentrik führen, die neben sich nichts anderes mehr gelten lassen.

Immer wieder kommt es vor, dass exklusive Ansprüche nach dem Motto »mia san mia« in Extremismen abgleiten, die nationalen und religiösen Fundamentalismus zur Folge haben. Menschen, Völker und Religionen begegnen sich dann nicht mehr respektvoll auf Augenhöhe, sondern verfolgen ihren ausschließlichen Heilsanspruch, von dem es das Gegenüber – im Ernstfall auch mit Gewalt – zu überzeugen gilt. Die leidvolle deutsche Geschichte von Nationalsozialismus und Holocaust, aber auch manch unrühmlichen Entwicklungen in der Kirchengeschichte wie die Ketzerverfolgungen oder die christlichen Judenpogrome zeigen, zu welch menschenverachtenden Systemen Fundamentalismen führen können.

Mit Blick auf religiöse oder nationalistische Tendenzen, die in den vergangenen Jahren neu aufgekommen sind, gilt es, den gefährlichen Folgen einer solchen Engführung frühzeitig entgegenzuwirken.

Diese Herausforderungen erinnern an die Gastfreundschaft, die Benedikt uns Mönchen besonders ans Herz legt (vgl. RB 53). Gastfreundschaft ist nie etwas einseitiges, sondern kann auch beim Gastgeber zu beglückenden Erfahrungen führen, ja sogar der eigenen Erneuerung dienen. Dennoch sind Konflikte und Enttäuschungen nicht grundsätzlich ausgeschlossen.

Dies verdeutlicht Benedikt, wenn er im Kapitel über die Aufnahme fremder Mönche schreibt: »Sollte er (der fremde Mönch) in Demut und Liebe eine begründete Kritik äußern oder auf etwas aufmerksam machen, so erwäge der Abt klug, ob ihn der Herr nicht vielleicht gerade deshalb geschickt hat.« (RB 61,4) Es ist interessant, dass Benedikt hier, wie an anderen Stellen seiner Regel auch, das Wörtchen *rationabiliter* – »vernünftig« – verwendet.

Gerade wenn von einem Gast unangenehme Dinge angemessen und nachvollziehbar ins Wort gebracht werden, kann so praktizierte Gastfreundschaft zur Chance werden, sich neue Perspektiven zu erschließen und den eigenen Horizont zu erweitern.

Das erfährt Jesus in der Begegnung mit einer fremden Frau, die einfach in sein Haus eindringt und ihn um die Heilung ihrer Tochter bittet.

Die wortgewandte Ausländerin

Er brach von dort auf und begab sich in das Gebiet von Tyrus. Er ging in ein Haus und wollte nicht, dass es jemand erfuhr. Doch er konnte nicht verborgen bleiben. Sofort hörte eine Frau von ihm, deren Tochter einen unreinen Geist hatte, kam und warf sich ihm zu Füßen. Die Frau war aber eine Griechin, von Geburt Syrophönizierin. Sie bat ihn, den Dämon aus ihrer Tochter auszutreiben. Da sagte er zu ihr: Lasst erst die Kinder satt werden; denn es ist nicht recht, das Brot den Kindern wegzunehmen und den Hunden hinzuwerfen. Sie aber erwiderte ihm: Gewiss, Herr, doch auch die Hunde unter dem Tisch fressen von den Brocken der Kinder. Da sagte er zu ihr: Um dieses Wortes willen geh heim, der Dämon ist aus deiner Tochter ausgefahren. Da ging sie in ihr Haus und fand das Kind auf dem Bett liegen und den Dämon ausgefahren.

Mk 7,24–30

Die vorliegende Geschichte ist im Markusevangelium einzigartig. Nur in dieser Szene weicht Jesus von seiner ursprünglichen Überzeugung ab und lässt sich belehren. Zwar sucht er immer wieder die Auseinandersetzung mit den führenden Männern seiner Zeit, zu einer »Kurskorrektur« kommt es aber einzig im Gespräch mit dieser Frau. Ausgerechnet eine Ausländerin, also eine Frau, die nicht einmal dem Volk Israel angehört, korrigiert Jesus, wodurch er dem Leser als Lernender präsentiert wird. Dabei ist wiederum der Kontext des Geschehens interessant:

Nachdem Jesus mit den religiösen Autoritäten seines Volkes einen heftigen Streit zum Thema Unreinheit ausgetragen hatte, verlässt er seine Heimat Galiläa und geht ins benachbarte Ausland. Dabei hatte er zuvor entschieden darauf hingewiesen, dass nicht Nahrungsmittel von außen einen Menschen unrein machen, wie es die Reinigungsvorschriften des mosaischen Gesetzes bestimmen (vgl. Mk 7,1–23). Ausschließlich böse Gedanken wie beispielsweise Diebstahl oder Mord, die in unserem Innern aufsteigen, verunreinigen den Menschen. Allein dadurch käme es zu einer Trennung von Gott, d. h. theologisch gesprochen zur Sünde. Damit hatte Jesus massiv die jüdischen Reinheitsvorschriften infrage gestellt, wie er es schon durch die Heilung der blutflüssigen Frau getan hatte. Nochmals verschärft sich der Konflikt mit den Schriftgelehrten und Pharisäern.

Nun begibt sich Jesus also ins nördliche Ausland, in das Gebiet von Tyrus. Wie so oft in Grenzgebieten, vermischte sich hier jüdische Religion und Kultur mit anderen Glaubenswelten. Man könnte fast meinen, dass Jesus nach dem Disput in seiner Heimat der Engherzigkeit der angestammten Religion für einige Zeit entgehen wollte.

Erneut zieht sich Jesus in die Geborgenheit eines Hauses zurück. Wie bei der Heilung der Schwiegermutter und der Totenerweckung des Mädchens wird der Leser auf etwas Wesentliches seiner Botschaft hingewiesen. Ungeniert bricht eine Frau aus der Gegend in die Privatsphäre des Hauses ein und bittet den fremden Wundertäter, ihre Tochter von dämonischen Mächten zu befreien. Als würde sie dem Beispiel ihrer Vorgängerin, der Frau mit dem Blutfluss, folgen, überschreitet sie die Grenzen des Schicklichen. Zum einen darf eine Frau nicht einfach ein fremdes Haus betreten. Zum anderen muss es für einen frommen Juden einem Affront gleichkommen, wenn sich ihm eine Heidin distanzlos nähert. Erneut geht es um die Frage von Reinheit und Unreinheit. Aber vielleicht kannte die Syrophönizierin auch die jüdischen Vorschriften nicht.

In ihrer Sorge um ihre Tochter fällt sie sprichwörtlich mit der Tür ins Haus, wirft sich als Zeichen ihrer Ehrfurcht vor Jesus nieder und bittet ihn, ihr Kind zu heilen. Warum sollte nicht auch ihre Familie von seiner heilenden Kraft profitieren können?

Jesus reagiert auf diesen Einbruch in seine Privatsphäre zunächst ablehnend. Barsch weist er die besorgte Mutter darauf hin, dass sich sein Auftrag ausschließlich auf das Volk Israel konzentriert. Dabei ist das Bild, das er bemüht, schon sehr gewagt, wenn er die heidnischen Völker mit Hunden vergleicht. Bei aller Überzeugung, dass Israel das erwählte Volk Gottes sei, und bei aller Liebe zur Spontaneität – manchmal rutscht einem ja etwas heraus – würde heute eine solche Gleichsetzung zu Recht heftige Proteste hervorrufen!

Umso erstaunlicher ist die Reaktion der Frau. Emotionsfrei lässt sie sich auf seine Begründung ein. Geschickt pariert sie den herabsetzenden Vergleich mit seiner diskriminierenden Pointe. »Gewiss, Herr«, sagt sie, »doch auch die Hunde unter dem Tisch fressen von den Brocken der Kinder.« (Mk 7,28) Diese schlagfertige Antwort ist schlichtweg genial. Aus einem zeitlichen Nacheinander: »Zuerst die Kinder, dann die Hunde!« macht sie ein zeitliches Nebeneinander: »Kinder und Hunde essen gleichzeitig, die einen am Tisch, die anderen unter diesem.« Damit verdeutlicht die Frau, dass beide – Kinder wie Hunde – ihren Platz in der Hausgemeinschaft haben und Letztere nicht nach dem Motto »Hunde müssen draußen bleiben!« vor die Tür verbannt werden. Im übertragenen Sinn heißt dies: Für beide, für Juden und Heiden, gibt es im Haus Gottes genug Nahrung, denn seine Güte kennt keine Grenzen. Sie wendet sich allen Menschen zu. Gewiss ist Israel das erwählte Volk. Aber auch alle anderen Völker haben ihren Platz im Herzen Gottes, so lautet das Credo der selbstbewussten Fremden.

Ihre Argumentation erinnert ebenso an die beiden Brotvermehrungen, von denen das Markusevangelium berichtet und die gleichsam diese Szene rahmen (vgl. Mk 6,35–44; 8,1–10). Großherzig hatte Jesus 5000 bzw. 4000 Personen mit Brot und Fisch versorgt, sodass zwölf bzw. sieben Körbe übrigen blieben. Wenn die Bereitschaft gegeben ist, das Wenige, was man hat, miteinander zu teilen, dann ist genug für alle da, so lautet die Quintessenz der beiden Brotvermehrungen! Hatte Jesus das etwa vergessen?

Jedenfalls gleicht diese couragierte Mutter mit ihrem wortgewandten Auftreten keinesfalls einem Hündchen unter dem Tisch. Vielmehr ist sie für Jesus eine Gesprächspartnerin auf Augenhöhe, die ihm sehr wohl argumentativ gewachsen ist. Dabei bewahrt sie Stil. Respektvoll spricht sie Jesus mit »Herr« an. Auch diese Anrede ist einmalig im Markusevangelium und kommt fast einem Bekenntnis gleich. Wenn man bedenkt, dass dieser Titel im jüdischen Sprachgebrauch allein für Gott verwendet wurde, dann wird deutlich, dass Jesus für diese Frau mehr ist als ein gewöhnlicher Mensch. Ähnlich wie Petrus, der kurz darauf feststellen wird: »Du bist der Messias!« (Mk 8,29), und wie der römische Hauptmann, der im Gekreuzigten den »Sohn Gottes« erkennt (vgl. Mk 15,39), ist für sie der fremde Wundertäter »ein Herr«! Ganz im Kontrast zur Ablehnung durch die religiösen Führer seines eigenen Volkes wird diese Ausländerin unbewusst für den Leser zur Zeugin des Auferstandenen! Er ist der Herr über Heil und Unheil, über Leben und Tod. Doch damit nicht genug.

»Du hast recht!«, stellt Jesus fest und lässt sich auf ihre Argumentation ein: »Um dieses Wortes willen geh heim …« (Mk 7,29) Jesus rühmt also nicht ihren Glauben, wie er es bei der blutflüssigen Frau zuvor getan hatte. Ausdrücklich lobt er ihr Wort, ihre Vernunft und Weisheit, worauf das griechische Wort *logos* verweist. Die Beharrlichkeit im Diskurs und die Stringenz ihrer Begründung werden von Jesus als beispielhaft herausgehoben! Durch die kluge und emotionsfreie Argumentationsfähigkeit der Mutter wird die Tochter geheilt und Ostern erfahrbar. Das Wunder ereignet sich also im Dialog! Wir könnten auch sagen, im Moment der vernünftigen Auseinandersetzung verlieren die dämonischen Kräfte ihre Macht.

Die Quintessenz dieser Szene lautet: Das Evangelium kennt keine Grenzen, wenn es das ist, was sein Name beinhaltet: Frohe Botschaft für *alle* Menschen und Völker! Im Haus Gottes ist für alle genügend Lebensraum! Dadurch ermutigt der Evangelist Markus seine Gemeinde und seine Leser, den Dialog mit fremden Kulturen bzw. mit den sogenannten Heiden einzugehen. Indem Jesus Grenzen überschreitet, sich korrigieren lässt und hinzulernt, ist er Vorbild für jede Christengemeinde. Auch wir sollen eine offene Lerngemeinschaft sein. Was das bedeutet, wird in der anschließenden Szene nochmals veranschaulicht (vgl. Mk 7,31–37). Jesus heilt einen Taubstummen und ruft ihm zu: »Öffne dich!« Das ist es, was er selbst von der Syrophönizierin gelernt hat. Damit ruft er auch dem Leser zu: »Öffne dich! Sei nicht taub auf deinen Ohren, wenn Menschen wie die fremde Frau Gottes Boten sind! Spitze deine Ohren, rühre deine Zunge und suche das Gespräch!«

Mehr Erneuerung durch mutigen Perspektivenwechsel?

Die vielen Menschen auf der Flucht, die in ihrer Not zu uns nach Europa kommen, gleichen in gewisser Weise der fremden Frau im Evangelium, die um die Heilung ihrer Tochter bittet und sich so eine gesunde Zukunft wünscht. Wie diese stürmen sie in unser Haus und bitten um Hilfe! Auch ihnen geht es um ihre Zukunft.

Sicherlich ist es eine große Herausforderung, so viele fremde Menschen aufzunehmen, und es ist verständlich, dass manche den Hilfesuchenden mit Angst und negativen Grundgefühlen begegnen. Sie könnten uns ja etwas wegnehmen und zur Überfremdung führen, sodass bildlich gesprochen das Brot für die eigenen Kinder nicht mehr reicht.

Gerade dann ist es hilfreich, wie Jesus den Perspektivenwechsel zu vollziehen und sich auf das Argument der Frau einzulassen. Letztlich ist genug für alle da und beide Seiten können voneinander profitieren, wenn die Bereitschaft gegeben ist, das Leben miteinander zu teilen. Das

Evangelium ermutigt zum Dialog und zur Hilfeleistung gegen alle manipulative Stimmungsmache, die das Ende des Abendlandes und seiner Werte beschwört.

Historisch betrachtet hat sich Europa stets durch Migration und Flucht verändert. Dabei gilt es, sich ehrlich zu fragen: Welche Werte sind für unsere Gesellschaft, unser Land und unseren Kontinent existenziell? Eine verbindliche Antwort darauf zu finden ist sehr schwer, wenn man beobachtet, wie kontrovers diese Thematik diskutiert wird.

Doch das Beispiel der fremden Frau bestärkt uns darin, diese Wertebestimmung nicht konfrontativ anzugehen, indem Ängste geschürt und Schreckensszenarien in Schwarz-Weiß-Malerei gezeichnet werden. Das führt letztlich nicht weiter. Vielmehr ist es unsere Aufgabe, unsere Werte konstruktiv ins Gespräch zu bringen und miteinander Lösungen zu suchen, indem vernünftig und besonnen der Dialog gepflegt wird. Dies alles braucht einen langen Atem und Konfliktkultur. Durch Grenzzäune und Mauern jedenfalls lässt sich die Globalisierung nicht aufhalten, eher schüren solche Maßnahmen Aggressionen, wie uns die Geschichte der Völkerwanderungen lehrt, die die Grenzwälle des römischen Reiches überrannten. Auch lernt man durch Abschottung nichts hinzu. Weiterführender ist es vielmehr, die Globalisierung als Chance zu gestalten.

Das Vorbild des lernenden Jesus hat Konsequenzen für die Kirche. Es motiviert, sich offen mit anderen Religionen und Weltanschauungen auseinanderzusetzen. Häufig genug hatten die Kirchen fremde Kulturen radikal zerstört und glichen in vielem dem Wüten heutiger islamistischer Fundamentalisten. Tempel wurden mutwillig zerstört, Kultfeiern und religiöse Rituale unter Strafe verboten. Das Heidentum sollte in seinen Wurzeln ausgemerzt werden, was aber nicht gelang, wenn wir an manche Formen der Volksfrömmigkeit denken. Im Evangelium dagegen offenbart sich Gott im Wort der fremden Frau, das uns fragen lässt: Könnte Gott sich nicht auch in anderen Religionen offenbaren? Wie viel wissen wir wirklich von den Glaubenswelten der Menschen, die aus der Fremde zu uns kommen?

Die fremde Frau, die in Jesu Lebenswelt einbricht, motiviert dazu, respektvoll mit dem umzugehen, was anderen Menschen hoch und heilig ist, wie es die Religions- und Gewissensfreiheit fordert. Das bedeutet nicht, dass man alles gutheißen muss oder nicht auch manches infrage stellen darf. Allerdings sollte dies achtsam und vernünftig geschehen.

Die Öffnung zum sachlichen Dialog braucht gewiss ein gesundes Selbstbewusstsein und das Wissen um den eigenen Anspruch, wie ihn Jesus für sein Volk Israel verkündet. Für uns Christen bedeutet dies, dass Jesus von Nazareth der Sohn Gottes ist oder, wie es die Frau bekundet: Er ist für uns der Herr über Leben und Tod. An ihm wird sichtbar, wie Gott ist. Er ist das Heil der Menschen, wie die Evangelien veranschaulichen. Das mutig und selbstbewusst zu verkünden ist unser Auftrag. Dabei war das Christentum häufig ein Meister der Integration, wenn es darum ging, nicht-christliche Riten oder Vorstellungen der Volksfrömmigkeit in die eigene Religion aufzunehmen und sie christlich zu deuten. Die vielfältigen Patronate der Heiligen zum Beispiel verweisen auf den antiken Götterhimmel und werden heute als Vielfalt der Ausdrucksformen Gottes gedeutet.

Im Hinblick auf das Evangelium bereitet es große Sorge, wenn sich Christen dem Dialog mit anderen Religionen und Weltanschauungen verschließen, weil sie das Heil für sich exklusiv in Anspruch nehmen und nichts anderes gelten lassen. Eigentlich sind sie im übertragenen Sinn taubstumm. Sie sind taub, weil sie nicht mehr damit rechnen, dass Gott sie auch durch andere Ansichten ansprechen kann. Sie sind stumm, weil sie sich dem Austausch verschließen. Auch menschenverachtende Formen des religiösen Fundamentalismus haben nichts mit dem Evangelium und der Jesusbewegung gemein, die sich allen Völkern öffnete. Vielmehr lassen sich darin dämonische Kräfte entdecken, die mit ihren extremen Ansichten Hass und Gewalt zwischen den Menschen schüren.

Sicherlich hat Jesus häufig den Konflikt gesucht und war überzeugt von seiner Lehre. Dabei hat er sich auf argumentative Auseinandersetzungen eingelassen, wenn er etwa mit den Schriftgelehrten und religiösen Führern seiner Zeit stritt. Aber die Szene mit der Syrophönizierin zeigt, dass er nicht in extreme Positionen abglitt, sondern sich auch etwas sagen ließ. Die Frau bekommt vom Brot, d. h. vom Heil etwas ab, sodass ihre Tochter gesund wird.

Bei der ersten Brotvermehrung fordert Jesus seine Jünger auf: »Gebt ihr ihnen zu essen!« (Mk 6,37) Darin können wir einen bleibenden Auftrag an die Kirche entdecken. Als seine Jünger dürfen wir uns der Not unserer Zeit nicht verschließen, weder der materillen noch der geistlichen. Vielmehr geschieht im »Mit-Teilen« das Wunder der Heilung. Im Dialog verlieren die dämonischen Kräfte ihre Macht. Wenn das nicht eine Ermutigung ist, Gastfreundschaft zu pflegen und sich vernünftig mit anderen Weltanschauungen auseinanderzusetzen! In Folge der Globalisierung sind in den Großstädten und Ballungszentren sehr viele Religionsgemeinschaften vertreten. Könnte das nicht eine Chance sein, im Dialog Neues zu erfahren, aber auch in der sachlichen Auseinandersetzung das eigene Profil neu zu entdecken?

Im Markusevangelium gibt die wortgewandte Ausländerin den ersten Anstoß, dass sich die »Jesusbewegung« nicht nur auf das Volk Israel beschränkte, sondern dass es zur Öffnung zu anderen Völkern und Kulturen kam. Dadurch hat sich auch das Christentum permanent weiterentwickelt. Damit kommen die vielen Frauen und Männer in den Blick, die heute in unserer Gesellschaft auf der Sinnsuche sind. Oft finden sie im etablierten Christentum keine Antworten, sondern öffnen sich anderen Religionen oder spirituellen Angeboten. So fallen mir in meinem Bekanntenkreis viele Frauen ein, die z. B. regelmäßig Yoga machen. Die körperlichen und geistlichen Übungen lassen sie zur Ruhe kommen und ich staune, in welche spirituellen Tiefen sie dadurch vordringen. Manches scheint der christlichen Meditation und Askese ähnlich zu sein, manches neu und fremd. Aber dürfen wir uns deswegen ein Urteil erlauben, welche Qualität diese Formen der Innerlichkeit haben? Könnte sich nicht Gott auch hier offenbaren, wo die angestammte christliche Heimat verlassen wird? Das Beispiel der Frau stimmt nachdenklich, zumal sie durch ihre Argumentationskette darauf verweist, dass Frauen oft ganz andere Zugänge zur Wirklichkeit haben als wir Männer. Wenn Jesus einzig durch eine Frau belehrt wird, dann kann Gott auch heute ungewöhnliche Wege wählen, um uns zu berühren. Es gilt, offen zu bleiben besonders für Frauenspiritualität und Formen weiblicher Mystik. Warum kann Gott, den wir als Schöpfer allen Lebens bekennen, nicht auch als göttliche Mutter verehrt werden, wie es in vielen Naturreligionen der Fall ist? Zumindest gibt es im Alten Testament einige Hinweise. So spricht etwa der Prophet Jesaja davon, dass Gott sein Volk nie vergessen würde gleich einer Mutter, die ihren Säugling nicht vergisst (vgl. Jes 49,15), und Israel tröstet wie eine Mutter ihr Kind (vgl. Jes 66,13). In Psalm 131 bekennt der Beter, dass seine Seele bei Gott zur Ruhe kommt, wie ein frisch gestilltes Kind bei seiner Mutter (vgl. Ps 131,2). Oder in Psalm 27 heißt es: »Und wollten mich Vater und Mutter verlassen, aufnehmen wird mich der Herr.« (Ps 27,10) Augustinus (354–430) kommentiert den Vers mit folgenden Worten: »Vater, weil er gründet, weil er ruft, weil er befiehlt, weil er herrscht; Mutter, weil er wärmt, weil er nährt, weil er stillt, weil er umschließt.« Dieser Gedanke der Mütterlichkeit Gottes fand vor einigen Jahren Eingang in die Liturgie. In einem Hochgebet, das die Fürsorge Jesu für Arme, Sünder und Außenseiter thematisiert, heißt es: »Sein Leben und seine Botschaft lehren uns, dass du für deine Kinder sorgst wie ein guter Vater und eine liebende Mutter.«

Oder kann nicht das Wirken des Geistes Gottes als weibliche Lebenskraft beschrieben werden, wie es Hildegard von Bingen (1098–1179) mit ihrer Wortschöpfung der *viriditas* – der »Grünkraft« tat? In dem Kunstwort, dessen Herkunft ungewiss ist, stecken lateinische Wörter wie *vir* (Mann), *virtus* (Tapferkeit), *virga* (Zweig), *virgo* (Jungfrau), *virginitas* (Unberührtheit). Auf diese Weise verbinden sich »männliche Kraft« und Jungfräulichkeit in einem Wort. Es bezeichnet somit eine Grundkraft, die der gesamten Natur, also Menschen, Tieren, Pflanzen und Mineralien innewohnen soll. Diese in allem steckende Grünkraft ist nach Ansicht Hildegards Gotteskraft und damit Lebenskraft, die heilende Wirkung hat. Dieser Gedanke lässt sich auf das Wirken des Heiligen Geistes übertragen, dass dieser als mütterliche, als gebärende Kraft immer wieder Heil, Heilung und neues Leben schenkt. Neben dem sehr maskulin geprägten trinitarischen Gottesbild von Vater und Sohn, die ja auch immer biografisch aus der eigenen Erfahrung von Vater und Sohn besetzt sind, würde im Blick auf die dritte Person des Geistes eine weibliche Komponente hinzukommen. Das wiederum entspricht dem hebräischen Wort für Geist, *ruach*, das weiblich ist. Zugleich steht der Begriff für Atem und Wind und bringt damit wiederum die jedem Lebewesen innewohnende Lebendigkeit zum Ausdruck. Der Heilige Geist ist damit die Gebärerin des Lebens und hilft, die weibliche Seite Gottes besser zu verstehen. Im Blick auf die Korrekturfähigkeit Jesu durch eine Frau könnte es gerade für uns Männer der Kirche anregend sein, die Anliegen weiblicher Spiritualität und der sogenannten feministischen Theologie nicht als emanzipatorische Spielereien abzutun, sondern diese als Bereicherungen zu entdecken. Schließlich wird Gott immer der Unbegreifliche bleiben, dessen Unbeschreiblichkeit die Vielfalt des Seins spiegelt. Das bedeutet, dass sein Wesen auch weibliche Seiten aufweist.

Dies alles berührt abschließend noch ein weiteres kirchliches Themenfeld. Es ist erfreulich, dass in den vergangenen Jahren sowohl auf der Ebene der Pfarrgemeinde als auch der bischöflichen Verwaltung Frauen sich beratend und mit Leitungsvollmacht in das kirchliche Leben einbringen können. In diesen Bereichen ist Gott sei Dank schon viel geschehen, ganz in der Tradition der Kirche, die immer wieder neue Impulse durch starke Frauengestalten bekam. So brachten sich etwa Hildegard von Bingen (1089–1179), Teresa von Ávila (1515–1582) und viele andere mehr mutig in das kirchliche Leben ihrer Zeit ein. Katharina von Siena (1347–1380) trug sogar durch ihre stetige Einflussnahme dazu bei, dass die Päpste von Avignon nach Rom zurückkehrten. Wäre es daher nicht sinnvoll und dem Evangelium entsprechend, dass das Kardinalat nicht mehr nur Empfängern des Weihesakraments, also bisher nur Männern, sondern auch Frauen übertragen würde? Kirchenrechtlich wäre das problemlos möglich, da über viele Jahrhunderte zahlreiche nicht-geweihte Männer, also Laien, als Kardinäle zum engsten Mitarbeiter- und Beraterstab des Papstes gehörten. Erst seit 1917 ist die Priesterweihe eine bindende Voraussetzung für das Kardinalat und damit nur geweihten Männern, d. h. Klerikern vorbehalten. Wie bereichernd könnte es sein, wenn beispielsweise eine gestandene Großmutter, eine weltgewandte Ordensfrau oder eine dynamische Managerin mit ihren Lebenserfahrungen weltkirchliche Leitungskompetenzen hätten? Was würde es bedeuten, wenn zukünftig nicht nur Männer, sondern auch bewährte Frauen den Papst wählen dürften? Welche Kriterien würden sie an den Petrusdienst anlegen, die wir Männer vielleicht gar nicht in den Blick nehmen?

In diesem Zusammenhang kommt mir eine alleinerziehende Mutter aus meinem Bekanntenkreis in den Sinn. Wenn ich ihr zuhöre, welchen Problemen und Herausforderungen sie sich mit ihren drei pubertierenden Kindern jeden Tag stellen muss und welche existenziellen Sorgen sie oft beschäftigen, ja bisweilen erdrücken, dann relativiert sich so manches in meinem Leben. Ihre in der Praxis erworbenen bodenständigen Lebenserfahrungen in Fragen der Familien- und Jugendarbeit täten jeder zölibatären Männerrunde gut. Sie erinnert mich an die Frau im Evangelium, die sich um ihre Tochter sorgt und von deren Mann wir nichts erfahren. War sie auch alleinerziehend? Zumindest tritt sie »alleinsorgend« mit Jesus in Kontakt. Wie segensreich könnten solche Frauen dem Nachfolger des Petrus zur Seite stehen und der Kirche in verantwortungsvollen Aufgaben dienen, indem sie ihren Blick für die Realität unseres Lebens schärfen.

Im Markusevangelium ist es einzig eine Frau, von der sich Jesus korrigieren lässt und das Richtige erkennt. Daher lobt er ihr Wort, das der Tochter Heilung bringt und dem Mädchen Zukunft und neues Leben schenkt. Es gilt, in der Kirche offen zu sein, durch welche Worte Gott sich heute offenbart, gerade auch im engsten Beraterkreis des Papstes. Denn jeder Mensch kann zu Gottes Boten werden, egal ob Frau oder Mann.

5. Provokation
Eine Frau vertraut rückhaltlos

Es freut mich immer wieder, wenn Karikaturen mit wenigen Worten Sachverhalte humorvoll auf den Punkt bringen. Ein Bekannter ließ mir vor einiger Zeit eine Karikatur zum Thema »Eigentum« zukommen, die mich seitdem begleitet. Zu sehen sind zwei Hunde: Ein älterer, dicker Hund, der an einer Leine angekettet müde vor seiner Hundehütte liegt, und ein junger, schlanker Hund, der mit einem Ball spielt. Dieser ruft dem anderen unternehmungslustig zu: »Komm, spiel mit mir!« Gleichzeitig sieht man beim Älteren Gedankenblasen aufsteigen: »So habe ich auch gedacht, als ich noch kein Haus hatte!«

Die Aussage ist treffend! Besitz bindet. Eigentum kann nicht nur manches ermöglichen, sondern ebenso unseren Handlungsspielraum einschränken. Im Blick auf unsere beiden Klöster finde ich mich in der Karikatur ein wenig wieder. Da Ordensgemeinschaften in Deutschland keinen Anspruch auf Kirchensteuermittel haben und sich selbst finanzieren müssen, dreht es sich in Besprechungen häufig um das »liebe Geld« und um alles, was damit zusammenhängt. Das ist auch bei uns so. Themen wie der Gebäudeerhalt zweier denkmalgeschützter Komplexe, an denen es stets etwas zu renovieren gibt, notwendige Investitionen in die Wirtschaftsbetriebe, aber auch Fragen der Personalführung, des Marketings usw. bestimmen die Agenda. Ebenso gilt es, die Non-Profit-Unternehmungen wie unsere Stiftsbibliothek oder die Obdachlosenarbeit zu finanzieren und zu organisieren. All das nimmt Zeit und Energie in Anspruch. Manchmal frage ich mich schon, wie es zu alldem gekommen ist, denn bei meinem Klostereintritt wollte ich gerade diese materiellen Themen bewusst hinter mir lassen, um »frei für Gott zu sein«, wie es unserer Spiritualität entspricht. Nun aber gleiche ich bisweilen dem angeketteten Hund.

Die Karikatur bringt es auf den Punkt: Eigentum und Besitz sind ambivalent. Einerseits können sie äußere Freiheit gewährleisten und sicherstellen, dass z. B. ein Kloster nicht von anderen Geldgebern abhängig wird. Doch allzu leicht kann es auch durch großzügige Spenden und Schenkungen zu unguten Verpflichtungen kommen. Um dem entgegenzuwirken will Benedikt, dass seine Mönche von ihrer Hände Arbeit leben (vgl. RB 48,8). Die wirtschaftliche Unabhängigkeit (Autarkie) soll die Selbstständigkeit (Autonomie) des Klosters sichern.

Andererseits kann Eigentum und Besitz unfrei machen und zur Besessenheit führen, sodass sich Menschen nur noch über das definieren, was sie haben, und versuchen, immer mehr Reichtum anzuhäufen. Daher warnt Benedikt vor dem Laster der Habgier und empfiehlt, die Produkte des Klosters etwas günstiger als die der Konkurrenz zu verkaufen, »damit Gott in allem verherrlicht werde« (RB 57,9).

Das ist sicherlich nicht immer möglich. Einer meiner Vorgänger, Abt Hugo Lang (1892–1967), wurde diesbezüglich einmal angesprochen, warum unser Bier denn etwas teurer sei als das der anderen Brauereien. Das würde doch nicht den Anweisungen der Benediktsregel entsprechen. Abt Hugo soll darauf schlagfertig geantwortet haben: »Aufgrund der hohen Produktqualität, deren Gewährleistung beim Herstellungsprozess mehr kostet, ist unser Bier nicht billiger, aber dafür besser!« Schließlich stehen auch klösterliche Betriebe im wirtschaftlichen Wettbewerb und müssen sich diesem stellen, um die finanziellen Grundlagen der Gemeinschaft zu sichern. Das ist alles nachvollziehbar und trotzdem bleibt die Gretchenfrage: Wie haltet ihre es mit dem persönlichen Lebensstil? Ist er glaubwürdig?

Das Gelübde des klösterlichen Lebenswandels (*conversatio morum*), das wir Benediktiner bei der Profess ablegen, beinhaltet sowohl die Gütergemeinschaft als auch die persönliche Armut. Zwar will Benedikt, dass der Mönch alles erhalten soll, was er für sein Leben notwendig braucht (vgl. RB 34). Aber dies zu bestimmen ist bisweilen gar nicht so einfach. Benötige ich wirklich ein eigenes Auto, ein eigenes Büro, einen eigenen Computer? Und wie gehe ich mit diesen Verfügungsmöglichkeiten um? Kann ich andere daran teilhaben lassen? Würde es mir schwerfallen, mich von diesen Dingen zu trennen?

Letztlich ist es eine Frage der Bindung und des Gott-
vertrauens, wie es die Lebenshingabe bei der Profess
verdeutlicht. Bei meinem Klostereintritt fragte mich ein
älterer Mitbruder, ob ich denn nun bleiben würde? Ich
antwortete ausweichend und sehr unsicher: »Kommt
Zeit, kommt Rat, und erst kommt's Noviziat!« Der Mitbruder antwortete mir kurz und prägnant: »Ein bisschen
schwanger gibt es nicht!« Seitdem bewegt mich dieser Gedanke. Bin ich immer wieder neu bereit, mein Vertrauen
Gott zu schenken und mich nicht auf andere Sicherheiten
zu verlassen? Am Beispiel einer Witwe veranschaulicht
Jesus seinen Jüngern, was damit gemeint ist.

Die freigebige Witwe

Er setzte sich der Schatzkammer gegenüber und sah zu, wie
die Leute Geld in die Schatzkammer warfen. Viele Reiche
warfen viel hinein. Da kam eine arme Witwe und warf zwei
Lepta hinein, das ist ein Quadrans. Da rief er seine Jünger zu
sich und sagte zu ihnen: Amen, ich sage euch: Diese arme
Witwe hat mehr in die Schatzkammer hineingeworfen als alle
anderen. Denn alle haben nur von ihrem Überfluss gegeben;
sie aber hat in ihrer Armut alles eingeworfen, was sie zum
Leben hatte.

Mk 12,41–44

Die kurze Szene ereignet sich im Jerusalemer Tempel. Inzwischen hatte Jesus seine Heimat Galiläa verlassen und war mit seinen Jüngern in die Davidstadt hinaufgezogen. Nach seinem gefeierten Einzug in Jerusalem vertrieb er voller Zorn die Händler und Verkäufer aus dem Tempel. Er hatte ihnen zum Vorwurf gemacht, dass sie das Haus Gottes zu einer Räuberhöhle zweckentfremdet hätten (vgl. Mk 11,15–18). Am Ort der Gottesbegegnung sollen nicht Geschäfte gemacht werden!

Dabei darf nicht vergessen werden, dass der Tempel ein wichtiger Wirtschaftsfaktor war. Wie jede Wallfahrtsstätte, so war auch der Tempel eine lukrative Einnahmequelle. Schließlich mussten das Gebäude unterhalten und die Priester und Angestellten bezahlt werden. Die Vertreibung der Händler und Verkäufer war somit eine echte Provokation, durch die Jesus den wirtschaftlichen Betrieb des Tempels infrage stellte. Nicht das Geld, sondern Gott sollte wieder im Mittelpunkt stehen. Ihm allein sollte an diesem Ort gedient werden.

Infolgedessen kam es erneut zu heftigen Auseinandersetzungen mit den religiösen Autoritäten seiner Zeit. So folgten Streitgespräche mit den Pharisäern, den Sadduzäern und den Schriftgelehrten zu Themen wie Steuern, Auferstehung und Vollmacht. Die Stimmung wurde immer aufgeheizter und die Lage spitzte sich für Jesus gefährlich zu.

Direkt vor der kurzen Szene mit der Witwe hatte Jesus in polemischem und scharfem Ton das Auftreten der

Schriftgelehrten kritisiert. Eindringlich warnte er vor ihrer korrupten Habgier und ihrer beispiellosen Heuchelei: »Hütet euch vor den Schriftgelehrten, die gern in wallenden Gewändern einhergehen, die es lieben, auf den Marktplätzen begrüßt zu werden und die ersten Sitze in den Synagogen und die Ehrenplätze bei den Gastmählern einzunehmen. Sie zehren die Häuser der Witwen auf und verrichten zum Schein lange Gebete. Sie werden ein umso strengeres Urteil erfahren.« (Mk 12,38–40) Wörtlich aus dem Griechischen übersetzt könnte es auch heißen: »Sie fressen ihre Häuser!« Damit skizziert Jesus die Schriftgelehrten im scharfen Kontrast zur armen Witwe, deren rückhaltlose Hingabebereitschaft er im direkten Anschluss an seine Kritik als beispielhaft herausstellt. Ihre Gabe von zwei Lepta würde heute circa einen Cent-Betrag ausmachen. Wenn das ihren Lebensunterhalt darstellt, gehört sie sicherlich zur armen Unterschicht.

Die Gegensätze sind augenfällig: Hier die angesehene Oberschicht der Schriftgelehrten, dort eine wenig beachtete Witwe am Rand der Gesellschaft, hier die religiösen Fachleute, die wortreich lehren und beten, dort eine einfache Fromme, die stumm im Verborgenen bleibt, hier die reichen Männer, die habgierig ihren eigenen Vorteil suchen, dort eine arme Frau, die in großem Gottvertrauen ihren ganzen Lebensunterhalt hergibt. Letztlich geht es in der Gegenüberstellung um Schein und Sein, sodass die arme Witwe durch das Lob Jesu an die Stelle der Schriftgelehrten tritt. Während diese nur sich selbst lieben, gibt sie alles für Gott hin. Durch ihr Tun lehrt diese Frau, worauf es im Reich Gottes ankommt.

Dabei werden die großzügigen Gaben der Reichen zunächst durchaus anerkennend gesehen. Aber letztlich ist die Höhe der Spende nicht ausschlaggebend. Während die Wohlhabenden nur etwas von ihrem Überfluss abgeben, ohne dabei die Schmerzgrenze zu überschreiten, opfert die Witwe mit den ersparten Münzen »ihr ganzes Leben«, wie es im griechischen Text heißt. Sie hält auch nicht eine der beiden Münzen zurück, sondern legt alles, was sie hat, in die Schatzkammer, in den Opferkasten. Letztlich vertraut sie ihr Leben rückhaltlos Gott an!

Die Quintessenz dieser kurzen Jüngerunterweisung lautet: Nicht die Größe der Gabe ist entscheidend, sondern die Aufrichtigkeit der Gesinnung. Am Ende hat diese arme Witwe unbewusst mehr vom Reich Gottes verstanden als die gebildeten Lehrer Israels. Das Reich Gottes kann man sich nicht kaufen, aber man kann dafür sein Leben hingeben, wie Jesus es selbst am Kreuz hingeben wird (vgl. Mk 10,45).

Indem die Frau in großem Gottvertrauen ihren ganzen Lebensunterhalt für den Tempel gibt und dadurch ihr Herz von allen materiellen Rückversicherungen befreit, wird sie selbst zum Tempel, d.h. zum Wohnort Gottes.

Gleich im Anschluss an diese Szene wird Jesus die Zerstörung des gewaltigen Tempels ankündigen, dessen Kostbarkeiten die Jünger bewundert hatten. Kein Stein werde auf dem anderen bleiben (vgl. Mk 13,1–2.). Nichts habe Bestand in seiner Pracht. Alles würde zerstört werden. Daher sollten die Jünger vielmehr an ihm und seinen Worten festhalten. Wiederum geht es um rückhaltloses Gottvertrauen, das die Witwe beispielhaft vorlebt.

Darin steht diese Frau ebenso im Kontrast zu einem reichen Mann, dem Jesus zuvor auf seinem Weg nach Jerusalem begegnet war (vgl. Mk 10,17–27). Er hatte Jesus gefragt: »Guter Meister, was muss ich tun, um das ewige Leben zu erlangen?« (Mk 10,17) Alle Gebote, die ihm Jesus als Antwort aufgezählt hatte, habe er nach eigener Aussage von Jugend an befolgt. Eigentlich lebte er schon sehr vorbildlich. Daraufhin heißt es eindrucksvoll im Evangelium: »Da sah Jesus ihn an, gewann ihn lieb und sagte zu ihm: Eines fehlt dir noch. Geh, verkaufe alles, was du hast, und gib es den Armen; so wirst du einen Schatz im Himmel haben; dann komm und folge mir nach.« (Mk 10,22) Aus Liebe alles aufgeben – das konnte dieser wohlhabende Mann nicht, und so heißt es, dass er traurig wegging. Das Resümee, das Jesus zieht, ist sprichwörtlich geworden: »Wie schwer werden die Reichen in das Reich Gottes kommen. (...) Leichter geht ein Kamel durch ein Nadelöhr, als dass ein Reicher in das Reich Gottes gelangt.« (Mk 10,23.25) Die Witwe dagegen hat sich von ihrem Besitz getrennt und ihr Leben in den Opferkasten gelegt. Das ist die Freiheit, die den Jünger auszeichnen soll.

Das unterstreicht schließlich die Szene im Anschluss an die Begegnung mit dem reichen Mann. Ausgehend von dessen Unfähigkeit, alles loszulassen, stellte Petrus gegenüber Jesus fest: »Siehe, wir haben alles verlassen und sind dir nachgefolgt.« Daraufhin antwortete ihm Jesus: »Amen, ich sage euch: Niemand hat Haus, Brüder, Schwestern, Mutter, Vater, Kinder oder Äcker um meinetwillen und um des Evangeliums willen verlassen, der nicht hundertfach, jetzt in dieser Zeit, Häuser, Brüder, Schwestern, Mütter, Kinder und Äcker erhält, wenn auch unter Verfolgungen, und in der künftigen Welt das ewige Leben. Viele aber, die (jetzt) die Ersten sind, werden die Letzten sein und die Letzten die Ersten.« (Mk 10, 29–31)

Eigentlich hat sich die namenlose Witwe durch ihre Hingabe unbewusst zum Jüngerkreis hinzugesellt. Aus der Perspektive Jesu steht sie auf dem ersten Platz, nicht die Schriftgelehrten oder die Begüterten, die diesen so gerne einnehmen würden.

Letztlich erfüllt die Witwe mit ihrer »Lebenshingabe« das ganze Gesetz, wie es im Deuteronomium beschrieben ist: »Höre Israel! Der Herr ist unser Gott, der Herr ist einzig! Du sollst den Herrn, deinen Gott, lieben aus deinem ganzen Herzen, aus deiner ganzen Seele und mit aller deiner Kraft.« (Dtn 6,4–5) Kurz vor der Begegnung mit der Witwe hatte Jesus dieses Gebot der Gottesliebe um die Weisung zur Nächstenliebe ergänzt. Wer bereit ist, für Gott und seinen Nächsten sein Leben einzusetzen und hinzugeben, ist – bewusst oder unbewusst – nicht fern vom Reich Gottes (vgl. Mk 12,28–34). Denn Gott lässt sich nicht durch die Höhe einer Gabe bestechen. Bei ihm geht es ums Ganze, denn er sieht auf das Herz. Das Vorbild der Witwe ist kritische Anfrage an die Jünger jeder Zeit: Wo ist eine Tempelreinigung des Herzens notwendig? Das Reich Gottes kann man nicht kaufen, aber man kann sich ihm hingeben. Auf diese Hochherzigkeit kommt es an, damit wir zum Tempel, zum Wohnort Gottes werden!

Mehr Glaubwürdigkeit durch Reform der Kirchensteuer?

Betrachtet man die beiden großen Kirchen in Deutschland, so gleichen sie eher einer reichen als einer armen Witwe. Daher ist es nicht verwunderlich, dass das Thema »Kirche und Geld« immer wieder auf der Tagesordnung des öffentlichen Interesses steht. Selbstredend wird mit kirchlichem Vermögen viel Gutes getan, wenn man etwa an das umfangreiche seelsorgerliche, soziale und erzieherische Engagement oder den aufwendigen Erhalt von Kulturdenkmälern denkt. Die Kirchen gehören zu den größten Arbeitgebern und unterhalten eigene Kindergärten, Schulen, Bildungseinrichtungen, Kliniken, soziale Institutionen aller Art und vieles andere mehr.

Manches davon wird allerdings ganz im Sinn der eingangs erwähnten Karikatur als Ballast empfunden, sodass sogar von kirchlichen Verantwortungsträgern eine »Entweltlichung« angemahnt wird. Was sollten wir loslassen? Was sollten wir rückhaltlos wie die Witwe in großem Gottvertrauen in den Opferkasten werfen, um freier zu werden? Wo wäre vielleicht sogar eine Tempelreinigung nötig, damit wir wieder glaubwürdiger unseren Auftrag erfüllen können?

Immer wieder begegnen mir Menschen, die aus der Kirche ausgetreten sind, aber im persönlichen Gespräch beteuern, dass sie an Jesus und seine Botschaft glauben. Die Gründe für einen solchen Schritt sind unterschiedlich. Häufig wird als Grund das eingesparte Geld genannt. Oft wird aber auch der angestaute Ärger über die sogenannte Amtskirche thematisiert und diverse Enttäuschungen durch Pfarrer oder andere kirchliche Personen bis hin zu tiefen Verletzungen, wie beispielsweise durch sexuellen Missbrauch oder erfahrene Gewalt, ins Wort gebracht. Andere wiederum haben sich vom kirchlichen Leben gänzlich entfremdet und leben ihren Glauben an Jesus privat, wie sie bekunden.

Die Rechtsfolgen des Kirchenaustritts – unabhängig von den Gründen – wurden von Seiten der katholischen Kirche vor Kurzem nochmals festgelegt. Wer austritt, ist automatisch von den Sakramenten der Versöhnung, der Eucharistie, der Firmung sowie der Krankensalbung ausgeschlossen. Er darf nicht mehr das Patenamt bei einer Taufe oder Firmung übernehmen und hat keine Mitwirkungsmöglichkeiten bei kirchlichen Gremien und Räten. Auch wird aufgrund des kirchlichen Arbeitsrechts ein Ausgetretener wohl kaum eine Beschäftigung bei einem kirchlichen Arbeitgeber finden. Der Austritt hat Folgen bis über den Tod hinaus. Sogar ein kirchliches Begräbnis kann verwehrt werden. Dass solche Strafen bei Menschen, denen an Jesus und seinem Evangelium etwas liegt, weniger zur Einsicht und Umkehr führen, als vielmehr neuen Groll und zusätzliche Verletzungen verursachen, versteht sich von selbst. Die Kirche wird nicht als Ort gelebten Glaubens und der Barmherzigkeit erfahren, sondern von vielen als reiche Institution gesehen, die von ihren Mitgliedern ihre Mitgliedsbeiträge einfordert. In ihrem Urteil gleicht sie eher den Pharisäern, die ihren eigenen Vorteil suchen, als der armen Witwe, die Jesus aufgrund ihrer Großherzigkeit lobt.

Aufgrund dieser verfahrenen Situation, die immer weiter vom Kern des Evangeliums wegführt, stellt sich unweigerlich die Frage: Wie wäre es, wenn die Kirche ihre Steuer, d. h. ihren »Lebensunterhalt«, wie die Witwe im Markusevangelium rückhaltlos zur Disposition stellen würde? Wie wäre es, wenn der einzelne Christ frei entscheiden könnte, wofür er seine Kirchensteuer geben möchte, ob für eine Schule, für Obdachlosenarbeit oder den Erhalt einer Kathedrale? Wie wäre es, wenn die Bürger frei wählen könnten, welcher Körperschaft sie ihre Kultursteuer zukommen lassen wollen, wie es in Italien der Fall ist?

Zum einen würde dies zu einer Entflechtung führen, da die Kirchenzugehörigkeit, die durch die Taufe unauflöslich gegeben ist, nicht mehr abhängig wäre vom Entrichten einer Steuer. Zumindest wegen des »lieben Geldes« müsste niemand mehr aus der Kirche austreten.

Zum anderen würde die Kirche ärmer werden und an gesellschaftlichen Einfluss sowie an politischer Macht verlieren. Aber würde sie sich damit nicht dem Vorbild der Witwe angleichen und freier sein?

Gehen wir diesem Gedanken noch etwas weiter nach. Eine Aufgabe der Kirchensteuer würde kircheninterm zu vielen Veränderungen führen. Bistumsleitungen und Gemeinden müssten sich überlegen, welche Einrichtungen sie weiterführen könnten und welche an andere Institutionen abgegeben oder gar aufgegeben werden müssten. Vieles müsste von Staat und Gesellschaft aufgefangen und neu geordnet werden. Für die Kirchen würde dies ein schmerzlicher Prozess des Loslassens bedeuten. Aber es könnte auch ein Akt der Befreiung sein, wenn wir etwa an die Folgen der Säkularisation zu Beginn des 19. Jahrhunderts denken. Damals wurde den Kirchen von staatlicher Seite ihr Besitz genommen und Klöster und Orden aufgelöst. Diese schmerzliche Zwangsenteignung bewirkte einen überraschenden Aufbruch. Neue Orden, Vereine, Initiativen und Bewegungen entstanden, sodass das kirchliche Leben in der Mitte des 19. Jahrhunderts zu neuen Leben erweckt wurde.

Eigentlich entsprach dieser Aufbruch dem Wappenspruch unseres Mutterklosters Monte Cassino: *Sucissa virescit!* – »Abgehauen grünt er neu!« Der Vers nimmt Bezug auf das wechselhafte Schicksal dieses Klosters, das im Lauf seiner langen Geschichte öfters zerstört wurde, aber danach erneut aufblühte. Gleich einem toten Baumstumpf, aus dem frische Triebe hervorsprossen, erstarkte das klösterliche Leben auf dem Monte Cassino immer wieder. Könnte das nicht heute auch für eine ärmere Kirche gelten?

Nüchtern betrachtet könnte das Aufgeben der Kirchensteuer zu mehr Wahrhaftigkeit führen. Ein Beispiel mag dies verdeutlichen: Häufig ist nicht mehr viel von einer christlichen Grundeinstellung in einer Klinik in kirchlicher Trägerschaft zu spüren, wenn die letzte Ordensschwester aufgrund von Nachwuchsmangel das Haus verlassen hat. Vielmehr steht jede Krankenhausleitung unter demselben Ökonomisierungsdruck wie andere Häuser auch. Betten dürfen nicht mehr so lange belegt werden. Privatpatienten werden bevorzugt behandelt, da sie der Klinik Geld bringen. Pflegemaßnahmen werden zeitlich getaktet, um Kräfte einzusparen. Reinigungsdienste werden an fremde Firmen ausgelagert, um billigere Arbeitskräfte zu nutzen. Die Liste ließe sich beliebig fortsetzen. Ähnliches gilt für alle anderen kirchlichen Einrichtungen, die einmal in charismatischem Geist der Hingabe und Nächstenliebe gegründet wurden, nun aber als Sozialkonzerne geführt werden. Wäre es daher nicht ehrlicher, dies aufzugeben und im Kleinen neu anzufangen?

Es wäre interessant, ob dadurch in unserer Zeit neue Initiativen entstehen würden. Vielleicht würden sich am Rande einer Klinik Besucherkreise bilden, die aus christlichem Antrieb bei der Essensausgabe oder einfachen

Pflegediensten helfen würden. Möglicherweise würden sich gleichgesinnte Eltern zusammenschließen, um einen eigenen Kindergarten mit einer christlichen Grundausrichtung zu gründen. In gewisser Weise würden sie mit ihrem Engagement dem Beispiel der Witwe folgen und einen Teil ihres Lebens in den Opferkasten werfen.

Vermutlich könnte ihr Vorbild andere motivieren, sich mit ihren jeweiligen Charismen einzubringen. Diese spirituelle Neubesinnung unter der Fragestellung »Wo bin ich mit meinen Fähigkeiten in der Gemeinde gefragt?« wäre etwas ganz anderes als die bequeme Sicht auf das kirchliche Leben mit der Einstellung: »Ich zahle doch meine Kirchensteuer, dann nehme ich auch den kirchlichen Service von Taufe, Hochzeit und Beerdigung in Anspruch.«

In diesem Zusammenhang gilt es ebenso, die Glaubwürdigkeit des kirchlichen Arbeitsrechts infrage zu stellen: Sollten wir dieses nicht auch zusammen mit der Kirchensteuer in den Opferkasten legen? Selbstredend wäre es wünschenswert, wenn kirchliche Einrichtungen von Mitarbeitern getragen würden, die ihr Christsein aktiv leben. Ebenso ist nachvollziehbar, dass eine grundsätzliche Loyalität zum Arbeitgeber und dessen Wertvorstellungen vorhanden sein sollte. Doch stellt sich die Frage, ob für alle Arbeitsplätze von Einrichtungen in kirchlicher Trägerschaft ein christlicher Glaube Voraussetzung sein muss, zumal die realistische Sicht der Dinge zeigt, dass entsprechend motivierte Mitarbeiter nicht leicht zu finden sind. Zwar sind die Mitarbeiter ihrem Taufschein nach Mitglied der Kirche, aber es ist auch bekannt, dass eine christliche Überzeugung letztlich nicht juristisch eingefordert werden kann. Sie ist entweder gegeben oder nicht! Auch hier stellt sich die Frage von Sein und Schein.

Jesus hat einerseits die Heuchelei der Pharisäer verurteilt und andererseits die Hingabebereitschaft der Witwe gelobt. Erziehen wir nicht zu Ersterem, wenn etwa eine junge Frau, die Religionslehrerin werden will, sich gezwungen sieht, sich in der Pfarrgemeinde zu engagieren, um von ihrem Pfarrer ein entsprechend gutes kirchliches Zeugnis zu bekommen, sich dann aber nach ihrem Einsatz im Schuldienst still und heimlich wieder zurückzieht? Gilt das nicht auch im Blick auf manche Moralvorstellungen, die das kirchliche Arbeitsrecht prägen, sodass Mitarbeiter, die ihren Glauben auch im Beruf leben wollen, beispielsweise verschweigen müssen, dass sie in sogenannter wilder Ehe zusammenleben oder gerne ihren homosexuellen Partner heiraten würden?

Das Beispiel der Witwe veranschaulicht, dass man das Reich Gottes nicht nach einer Gewinn- und Verlustrechnung kaufen kann. Es lässt sich auch vor den Arbeitsgerichten nicht erstreiten. Vielmehr kommt es auf die Hingabe an, denn die wahre Liebe kalkuliert und rechnet nicht.

Manche Kirchenväter haben die Kirche mit einer Witwe verglichen. Mir gefällt dieses Bild, weil häufig verwitwete Menschen das Vermächtnis ihrer Verstorbenen weiterführen. Freya von Moltke (1911–2010) beispielsweise, deren Mann am 23. Januar 1941 als einer der Widerstandskämpfer des 20. Juli hingerichtet wurde, hat sich zeit ihres langen Lebens für das Vermächtnis ihres Mannes starkgemacht. Manche Zeitgenossen hatten im Gespräch mit ihr den Eindruck, dass noch ein Unsichtbarer mit am Tisch säße. Eigentlich wäre genau dies unser Auftrag als Kirche: In unserem Reden und Handeln müsste erfahrbar sein, dass unsichtbar der Auferstandene an unserem Tisch sitzt. Das ist selbstredend ein hoher Anspruch.

Die Witwe hat ihren Lebensunterhalt gegeben. Und wir: Für was leben wir? Wofür setzen wir unser Leben ein? Was ist unser Heiligtum? Das kirchliche Arbeitsrecht und die Kirchensteuer sind es hoffentlich nicht.

6. Provokation
Eine Frau verschwendet Schönes

»Berührungen in ihrer schönsten Art« – mit diesem Slogan wirbt eine Handcreme, deren altgriechischer Name eine schöne Haut verspricht. Auf der Internetseite des Unternehmens ist dazu erklärend zu lesen: »Sanfte Berührungen schaffen Wohlbefinden, Harmonie und Vertrauen. Sie verleihen dem Tag mehr Licht. Zarte Berührungen bauen starke Beziehungen auf und werden von einer Generation an die nächste gegeben.« Die Sätze mögen etwas überschwänglich klingen und doch bringen sie Wahres zum Ausdruck: Unsere Haut ist ein sensibles Organ. Mit ihr treten wir mit anderen in Kontakt und bauen Beziehungen auf. Man gibt sich zur Begrüßung die Hand oder, wenn man sich näher kennt, umarmt man sich. Liebende küssen sich und sehnen sich nach der körperlichen Vereinigung. Kinder brauchen die Hand der Eltern, wenn sie Angst haben, oder das sanfte Streicheln, wenn sie traurig sind.

Berührungen prägen unser Leben. Sie finden äußerlich, aber auch innerlich statt. Wenn wir z. B. feststellen: »Das hat mich tief berührt!«, dann ist uns vielleicht der wunderbare Sonnenuntergang oder die schöne Musik im wahrsten Sinn des Wortes unter die Haut gegangen. Manche Berührungen können heilen und wohltun. Sie sind »Balsam für die Seele«, wie wir dann dankbar feststellen.

Wenn wir tief berührt werden, dann erleben wir oft etwas sehr Gutes oder etwas sehr Schönes. Dadurch kommen wir dem Geheimnis Gottes nahe, der vollkommene Güte und Schönheit in sich vereint. In solchen Momenten, in denen gleichsam die Zeit stehen bleibt, genießen wir etwas vom ewigen Glück.

Das wiederum bedeutet, dass auch mit unserer Hilfe Gott Menschen im Innersten berühren kann, indem wir Gutes und Schönes tun. Dabei ist das Schöne gewissermaßen die Steigerung des Guten, wie der Dichterpfarrer Kurt Marti (1921–2017) sagt: »Man soll Gutes tun, man kann aber auch Schönes tun. Gute Taten geben dem Leben Sinn. Schöne Taten geben dem Leben Glanz. Erst die schönen Taten setzen den guten Taten die Krone auf!« Seine Gedanken erinnern wiederum an ein Gedicht von Hilde Domin (1909–2006) mit dem Titel »Die Heiligen«. Dort stellt die Dichterin im Blick auf die Schönheit der bildenden Kunst fest: »Denn wir essen Brot, aber wir leben vom Glanz.«

Die Schönheit von manchen Kunstwerken kann im Innersten tief berühren. Nichts anderes ist das Anliegen, wenn etwa Kirchen künstlerisch reich ausgestattet sind. Sicherlich wird man im Blick auf manche wertvollen Kunstschätze kritisch anfragen, was man damit nicht alles Gutes tun könnte.

Mir hilft dabei ein Schlüsselwort in unserer Regel. Im Kapitel über den Gehorsam zitiert Benedikt den Apostel Paulus: »Gott liebt einen fröhlichen Geber« (vgl. 2 Kor 9,7; RB 5,16). Paulus hatte seine Gemeinde in Korinth damit motivieren wollen, großzügig Spenden für die Jerusalemer Urgemeinde zu geben. Für Benedikt ist es die Haltung des Mönchs, dass er nicht missmutig und murrend durchs Leben geht, sondern frohen Herzens sein Leben Gott anvertraut. Dies lässt sich ohne Weiteres auf manches gute Werk und ebenso auf manche schöne Tat übertragen: »Denn wir essen das Brot, aber wir leben vom Glanz.«

Das Gute und das Schöne frohen Herzens gegeben, kann zu Berührungen in ihrer schönsten Art führen, um nochmals den eingangs zitierten Slogan zu bemühen. Das erfährt Jesus kurz vor seinem Tod in der Begegnung mit einer Frau, deren verschwenderische Tat gleichsam Balsam für seine Seele ist.

Die großzügige Verehrerin

Als er in Bethanien im Hause Simons des Aussätzigen zu Tisch lag, kam eine Frau mit einem Alabastergefäß voll echter, kostbarer Nardensalbe, zerbrach das Gefäß und goss es über sein Haar. Aber einige sagten unwillig zueinander: Wozu diese Verschwendung des Salböls? Man hätte das Öl für mehr als dreihundert Denare verkaufen und den Erlös den Armen geben können. Und sie schalten sie. Jesus aber sagte: Lasst sie! Was kränkt ihr sie? Sie hat eine gute Tat an mir getan. Denn Arme habt ihr ja allezeit bei euch und könnt ihnen Gutes tun, sooft ihr wollt; mich aber habt ihr nicht allezeit. Was sie vermochte, hat sie getan; sie hat im Voraus meinen Leib zum Begräbnis gesalbt. Amen, ich sage euch: Wo immer auf der ganzen Welt das Evangelium verkündet wird, da wird auch zu ihrem Gedächtnis erzählt werden, was sie getan hat.

Mk 14,3–9

Leider wird diese Stelle nie in einem gewöhnlichen Sonntagsgottesdienst gelesen, sodass die selbstbewusste Frau, deren großherzige Tat von Jesus als Bestandteil des Evangeliums gelobt wird, wahrscheinlich nur selten als Predigtthema dient. Nur alle drei Jahre am Palmsonntag, wenn die Langfassung der Markuspassion verkündigt wird, hören wir von ihr. Dabei nimmt diese berührende Szene zu Beginn der Passion eine Spitzenstellung ein. Während sich die Todesschatten über dem Leben Jesu verdichten, glänzt eine Frau durch ein gutes Werk. Auch korrespondiert die Begebenheit mit der Ostererzählung am Schluss des Evangeliums. Am Anfang und am Ende der Leidensgeschichte begegnen wir Frauen, die Jesus durch eine Salbung Ehre erweisen wollen.

Dabei umgibt ein düsterer Rahmen die vorliegende Szene. Zuvor hatten die Hohenpriester und Schriftgelehrten beschlossen, dass sie Jesus töten wollen. Mit List sollte er unbemerkt in ihre Gewalt gebracht werden. Nach der Salbung wird sich Judas Iskariot bereit erklären, ihnen bei einer günstigen Gelegenheit Jesus auszuliefern. Der Kontrast könnte nicht schärfer sein: Einerseits aggressive Feindschaft und Verachtung, andererseits ein Erweis tiefster Verehrung und Wertschätzung.

Jesus ist in Bethanien, was zu Deutsch »Armenhausen« bedeutet, im Haus Simon des Aussätzigen zu Gast. Dieses Dorf vor den Toren der Stadt diente ihm wahrscheinlich während seines Jerusalemer Aufenthalts als Wohn- und Rückzugsort (vgl. Mk 11,11.19). Wer sein Gastgeber war, ob er diesen vom Aussatz geheilt hatte oder ob es ein Freund war, verrät das Markusevangelium nicht. Auch nicht ob Jesus öfters bei Simon zu Gast war.

Wiederum dient die Geborgenheit eines Hauses für die Jünger und ebenso für uns Leser als Ort der Belehrung. Jesus ist zum Essen eingeladen und völlig unerwartet dringt eine Frau in diese reine Männerrunde ein, die eine jüdische Mahlgemeinschaft zur Zeit Jesu war. Scheinbar unbekümmert verletzt sie die Anstandsregeln und tut das, was sie für richtig hält. Wir würden heute von einer emanzipierten Frau sprechen. Wie zuvor die Syrophönizierin geht auch sie frei und unkonventionell auf Jesus zu. Wie die an Blutfluss Erkrankte ergreift sie selbstbewusst die Initiative und salbt ihn, indem sie ein Alabastergefäß über seinem Kopf zerbricht. Sie verwendet das wertvolle Parfüm nicht, um sich selbst Glanz zu geben, sondern ehrt dadurch den Gast aus Nazareth.

Es ist die einzige Salbung, die Jesus im Markusevangelium zuteilwird. Durch die Handlung der Frau wird er faktisch zum Gesalbten, das bedeutet in der hebräischen Sprache zum Messias, im Griechischen zum Christus. Als solchen hatte ihn das Markusevangelium eingangs betitelt (vgl. Mk 1,1). Analog dazu legt später Petrus über ihn das Bekenntnis ab: »Du bist der Messias!« (Mk 8,29)

Durch die überraschende Salbung wird an die Sehnsucht des Volkes Israel nach einem endzeitlichen Retter angeknüpft. Mit der babylonischen Gefangenschaft um 586 v. Chr. war das jüdische Königtum zu Ende gegangen. Seitdem entwickelten die Propheten zunehmend die Idee eines endzeitlichen Erlösers, dessen Kommen alles verändern würde. Dieser Messias sei ein von Gott auserwählter Mensch, also ein Gesalbter des Herrn, der zur Durchsetzung der Gottesherrschaft eine radikale und endgültige Wende vollziehen würde. Immer wieder wird er als solcher in den Psalmen besungen (vgl. Ps 2,2; 20,7; 45,8; 89,10.21.39.52; 132,10.17). All das klingt wohl beim kundigen Leser an, wenn das Markusevangelium von dieser überraschenden Tat der Frau berichtet.

Die Salbung des Kopfs erinnert ebenso an die Königssalbungen von Saul und David, die der Prophet Samuel vorgenommen hatte (vgl. 1 Sam 10,1; 16). Vollzieht die Frau also an Jesus einen prophetischen Dienst, der eigentlich nur Männern vorbehalten ist? Sieht sie in Jesus den erwarteten Messias? Oder ist es einfach ein Werk ihrer Wertschätzung oder gar Ausdruck ihrer überschwänglichen Zuneigung und Liebe, wie manche Exegeten meinen? Die Antwort bleibt im Dunkeln, bzw. die Deutung für uns Leser offen. Jedenfalls salbt die Frau den Kopf und nicht die Füße, wie in anderen Evangelien (vgl. Lk 2, 38; Joh 11,1–10). Auch ist im griechischen Urtext nicht vom Haar die Rede, wie es in manchen Übersetzungen heißt. Die Salbung des Kopfes ist alles andere als ein Akt der Unterwerfung!

Selbstredend gehörten Salbungen im alten Orient zum Alltag dazu. Sie konnten hygienische und kosmetische Gründe haben. Gästen dienten sie zur Erfrischung und Verwöhnung. Bei Kranken wurden sie zur Reinigung und Heilung angewandt, wie es auch die Jünger Jesu taten (vgl. Mk 6,13). Ebenso kannte man Totensalbungen als Ehrerweis an Verstorbenen.

Letztlich schwingt das alles mit, wenn diese emanzipierte Frau über Jesus das kostbare Nardenöl vergießt. Dabei ist der angegebene Wert von 300 Denaren beachtlich, entspricht doch diese Summe dem Jahreseinkommen eines Arbeiters der damaligen Zeit.

Ihr Verhalten musste provozieren und so ist es nachvollziehbar, dass ihre spontane Aktion von den anwesenden Männern kritisiert und als Verschwendung abgetan wird. Was hätte man nicht alles mit dem Geld Gutes tun können? Musste das wirklich sein? Ein wenig erinnern die vorgebrachten Einwände an die Begegnung mit dem reichen Mann, von dem schon im Kapitel zuvor die Rede war. Jesus hatte ihn aufgefordert: »Geh, verkaufe

alles, was du hast, und gib es den Armen; so wirst du einen Schatz im Himmel haben; dann komm und folge mir
nach.« (Mk 10,22) Er aber war nicht bereit, alles herzugeben, und ging traurig weg. Die großzügige Verehrerin ist
wie die Witwe im Tempel ein absolutes Gegenbild zu diesem reichen Mann.

Oder hatten sich die Männer mit ihrer Kritik sogar
das Beispiel der armen Witwe zu Herzen genommen, deren freigebige Tat von Jesus als vorbildlich gelobt wurde?
Wir wissen es nicht. Jedenfalls machen sie der Frau heftige Vorwürfe. Diese dagegen bleibt in der ganzen Szene
stumm und verteidigt sich nicht. Ist es Ausdruck ihrer
Souveränität, dass sie von der Richtigkeit ihrer Tat überzeugt ist und keinen Bedarf der Rechtfertigung sieht?
Oder hat sie die scharfe Kritik verängstigt, sodass sie
eingeschüchtert schweigt? Auch das lässt der Evangelist
offen. Etwas anderes erscheint ihm wichtiger.

Jesus ist von der verschwenderischen Tat der Frau sichtbar tief berührt. Wir könnten fast sagen, dass ihm die Salbung unter die Haut gegangen und Balsam für seine Seele
ist inmitten dessen, was sich über ihm zusammenbraut.
Daher nimmt er die Frau vehement in Schutz und verteidigt entschieden ihr Tun. Er spricht vom guten Werk,
das sie an ihm getan hat. Es erinnert an den Schöpfungs-
bericht im ersten Buch der Bibel (vgl. Gen 1,1–2,4). Am
Ende eines jeden Tages betrachtet Gott sein neues Werk
und stellt fest: »Es war gut!« In der griechischen Übersetzung des hebräischen Urtextes steht hier das Wort *kalos*,

das ebenso »schön« bedeutet. Somit könnten wir auch übersetzen: »Es war schön!« Dieser Gedanke lässt sich vertiefen:

Unser deutsches Wort »schön« leitet sich von »schauen« ab. Wenn ich also jemanden anschaue und ihm dadurch Ansehen gebe, dann ist er in meinen Augen schön. Dies können wir auch auf die Schöpfung übertragen. Das Ansehen Gottes macht sein Werk schön: »Und Gott sah alles und es war sehr schön!«

Das Ansehen der Frau, das sie Jesus durch die Salbung schenkt, tut ihm gut. Es macht ihn schön. Daher lobt er das gute Werk, bzw. die schöne Tat der Frau. Wir könnten sogar sagen: Sie hat wie Gott schöpferisch gewirkt und verschwenderisch Leben geschenkt. Auch dieser Gedanke lässt sich weiterentfalten: Was die Frau zu Beginn der Leidensgeschichte Jesu tut, wird Gott am Ende, an Ostern wirken. Selbst im Tod schaut er auf seinen Sohn. Er schenkt ihm Ansehen und erweckt ihn zu neuem Leben. Mit dieser absolut schönen Tat wird Jesus als Messias bestätigt. Er ist der geliebte Sohn. An ihm hat der Vater Gefallen gefunden, wie es schon bei der Taufe Jesu am Anfang des Evangeliums geheißen hat (vgl. Mk 1,11).

Das Ansehen Gottes ist stärker als der Tod! Damit kann die Salbung der Frau als österliche Tat gedeutet werden. Diese setzt sie dem Leiden selbstbewusst entgegen. Zwar hat Jesus die Messiaserwartungen seines Volkes nicht erfüllt. Er ist kein politischer Messias. Vielmehr verfolgt er das Konzept des leidenden Messias, der sich im Tod am

Kreuz mit uns Menschen solidarisiert. Das ist Lebenshingabe, die bis zum Äußersten geht (vgl. Mk 10,45). Wollte darauf die Frau mit ihrer verschwenderischen Gabe hinweisen? Zumindest klingen diese Gedanken an, wenn Jesus feststellt, dass die Frau getan hat, was sie vermochte. Sie hat den Kairos erkannt und ihm am Schopf gepackt, indem sie ihn zum Messias salbte. Ihre schöne Tat setzt ihm inmitten des Leidens die Krone auf. Dabei ist es interessant, dass Nardenöl stark beruhigende und angstlösende Wirkung zugeschrieben wird. Wollte die Frau mit ihrer Salbung vielleicht Jesus auf seinen bevorstehenden Weg in Leiden und Tod vorbereiten? Auch diese Frage lässt das Evangelium offen.

Mit einem leicht ironischen Unterton moniert Jesus dagegen die Einwände der anwesenden Männer: »Denn Arme habt ihr ja allezeit bei euch.« (Mk 14,7) Die Kritiker haben also stets Gelegenheit, an den Bedürftigen Gutes zu tun. Bethanien – Armenhausen ist überall! Aber solange Jesus noch lebte, hätten sie die Chance gehabt, auch ihm angesichts des Todes Gutes und Schönes zu erweisen: »Denn wir essen das Brot, aber wir leben vom Glanz.« Unweigerlich stellt sich die Frage: Geht es bei ihrer Kritik wirklich um Armenfürsorge oder darum, die überschwängliche Verehrung und provozierende Wertschätzung der Frau schlechtzureden? Sind die Männer etwa auf Jesus eifersüchtig? Auch darauf bekommen wir keine Antwort.

Ein wenig erinnert die Reaktion der Männer an eine

andere Szene im Markusevangelium, in der die Pharisäer kritisch rückfragen, warum die Jünger Jesu nicht fasten würden. Jesus antwortet mit einer Gegenfrage: »Können die Hochzeitsgäste denn fasten, solange der Bräutigam bei ihnen ist? Solange sie den Bräutigam bei sich haben, können sie nicht fasten. Es werden aber Tage kommen, da wird ihnen der Bräutigam genommen sein. An jenem Tag werden sie fasten.« (Mk 2,19–20) Im Anschluss daran hatte Jesus einen Mann am Sabbat geheilt und den Konflikt mit den Pharisäern noch verschärft, indem er ihnen die Frage stellte, ob es am Sabbat erlaubt sei, Gutes zu tun oder Böses, ein Leben zu retten oder es zu vernichten? Voll Zorn und Trauer über ihr verstocktes Herz, wie es heißt, schaute Jesus sie der Reihe nach an und heilte dann den Mann. Diese gute Tat wiederum führte dazu, dass die Pharisäer zum ersten Mal den Beschluss fassten, Jesus umzubringen (vgl. Mk 3,6).

Vor diesem Hintergrund ist es aufschlussreich, wie Jesus die »gute Tat« der Frau deutet: »Sie hat im Voraus meinen Leib zum Begräbnis gesalbt.« (Mk 14,8) Für Jesus ist die hochherzige Tat ein Zeichen der Solidarisierung. Sie ist ein Liebeswerk an einem Todgeweihten, dem die Frau trotzdem ihre ganze Verehrung schenkt. Es mag Verschwendung sein, einen Toten zu salben. Der Verstorbene hat ja nichts mehr davon. Und doch ist es Ausdruck tiefer Wertschätzung.

Wie bei der Witwe im Tempel unterstreicht Jesus mit einem »Amen-Wort« die herausragende Bedeutung dieser Tat. Überall, wo das Evangelium verkündet werden wird, wird dieser Frau gedacht werden. Adressat der Salbung ist also die Öffentlichkeit und einzig hier spricht das Markusevangelium vom Gedenken. Die Salbung der Frau hat einmaligen Gedächtnis- und damit Verkündigungscharakter. Inmitten von Tod und Grab strahlt diese Frau durch ihre gute und schöne Tat. Letztlich hat sie dadurch das Evangelium in ihrem Leben bewusst oder unbewusst weitergeschrieben. Darin ist sie Vorbild für jeden Leser und jede christliche Gemeinde. Das, was in dem unbedeutenden Dorf Bethanien geschehen ist, hat bleibende und weltweite Bedeutung. Denn das Evangelium besteht nicht so sehr aus abstrakten Glaubenswahrheiten, sondern vielmehr aus berührenden Begegnungen, die unter die Haut gehen. Das erfährt Jesus in Bethanien. Dadurch aber kommt inmitten der Todesschatten die Osterbotschaft vom Leben in Fülle zum Leuchten. Alles was wir wie diese Frau großherzig an Gutem und Schönem tun, ohne dass es von uns verlangt oder erwartet wird, gibt unserem Leben Glanz. Letztlich strahlt Gottes Gegenwart dadurch auf, denn Gott liebt einen fröhlichen Geber! Gute und schöne Taten rechnen sich oft nicht, aber sie sind frohe Botschaft. So dürfen wir uns immer wieder fragen: Wo ist heute Bethanien – Armenhausen? Wo sind wir als Kirche gefragt, dem Leben durch gute Werke und schöne Taten verschwenderischen Glanz zu verleihen? Wem tut unser Balsam für die Seele gut? Wen würde unser Ansehen schön machen?

Mehr Seelsorge durch Entfaltung der Sakramente?

Denken wir die Salbung in Bethanien vor dem Hintergrund der christlichen Ökumene einmal weiter, so lässt sich folgendes Bild skizzieren: Durch die Kirchenspaltungen ist der eine Leib des Herrn, wie ihn die getrennte Christenheit heutzutage darstellt, verwundet und verletzt. Er gleicht dem Leib Jesu in der Passion. Gott sei Dank ist in den letzten Jahrzehnten viel geschehen, sodass z. B. die Taufe gegenseitig anerkannt wird und Christen unterschiedlicher Konfessionen miteinander Gottesdienst feiern können. Manche Wunden sind geheilt, andere sind noch offen. So ist es beispielsweise Protestanten untersagt, im katholischen Gottesdienst die Eucharistie zu empfangen.

Das Evangelium zeigt, dass Jesus keine Berührungsängste hatte. Seine Salbung in Bethanien erinnert an die Chrisamsalbung nach der Taufe, bei der dem Täufling zugesprochen wird: »Du wirst nun mit dem heiligen Chrisam gesalbt; denn du bist Glied des Volkes Gottes und gehörst für immer Christus an, der gesalbt ist zum Priester, König und Propheten in Ewigkeit!« Durch die Taufe gehört jeder Getaufte für immer Christus an. Das ist ein großes Wort, dessen Bedeutung kaum zu fassen ist. Wenn wir nun glauben, dass in Brot und Wein der auferstandene Christus mit seinem Fleisch und Blut gegenwärtig ist, können wir dann einem Christen, der mit der Taufe für immer zu Christus gehört, den Gang zur Kommunion verweigern? Ja, es gibt evangelische Christen, für die das Abendmahl symbolischen Charakter hat und die nicht an die Gegenwart Christi glauben. Dennoch empfangen sie beim Abendmahl das Brot und den Wein mit Würde und Ehrfurcht. Hätte Jesus, von dem wir glauben, dass er im Sakrament der Eucharistie gegenwärtig ist, vor ihnen, die mit der Taufe zu ihm gehören, Berührungsängste gehabt? Würde er nicht auch bei ihnen, vielleicht unerkannt, zu Gast sein wollen? Wäre das nicht letztlich heilender Balsam für den verwundeten Leib des Herrn?

Mit dem Blick auf die Chrisamsalbung bei der Taufe öffnet sich uns auch die Tür für einen ganz anderen Themenbereich: Vor einiger Zeit war ich bei einem homosexuellen Paar eingeladen. Beide Männer kommen regelmäßig zum Sonntagsgottesdienst und stammen aus gut katholischen Familien. In unserem Gespräch äußerten sie den Wunsch, von mir kirchlich getraut zu werden. Sie wären von ihrer Liebe überzeugt und glaubten, dass sich darin die Liebe Gottes zeige. Sie wären fest entschlossen, treu und verbindlich miteinander durchs Leben zu gehen, und wollten in ihrer Lebensgemeinschaft Gott als Dritten im Bunde mit sich wissen. Eine Segnung sei für sie zu wenig. Sie wollten vollwertig miteinander den Bund fürs Leben schließen und sich vor Gott lebenslange Treue versprechen. Ich entgegnete zunächst, dass die kirchliche Eheschließung auch die Bereitschaft für gemeinsame Kinder beinhalte. Das Argument war allerdings wenig stichhaltig, denn daraufhin fragte mich einer der beiden etwas schmunzelnd, was ich denn mit einem Brautpaar machen würde, wo beide, Bräutigam und Braut, schon über 70 Jahre alt wären und sicher keine Kinder mehr bekommen könnten. Wir saßen lange im Gespräch vertieft zusammen und im Verlauf desselben wurde mir immer deutlicher, wie ernsthaft ihr vorgetragener Wunsch war. Trauer stieg in mir auf, weil ich den beiden als Seelsorger nicht weiterhelfen konnte. Als ich nach Hause ging, kam mir der reiche Mann in den Sinn, der nicht bereit war, alles herzugeben, sondern traurig wegging.

Seitdem denke ich öfters an die beiden Männer und meine Hilflosigkeit, die zugleich eine Hilflosigkeit unserer Kirche widerspiegelt. Sind wir nicht mit dem Evangelium reich beschenkt, und doch oft nicht fähig, dadurch dem Leben mit seinen konkreten Herausforderungen verschwenderisch Glanz zu schenken?

Selbstredend ist nach kirchlicher Lehre die Ehe beschränkt auf eine Verbindung zwischen Mann und Frau, wie es in der Bibel grundgelegt ist. Aber all das berechtigt nicht, die Liebe von zwei Männern oder von zwei Frauen zu verurteilen. Zuneigung und Liebe sind da, man macht sie nicht! Daher stellt sich die Frage: Wie könnten wir gerade homosexuellen Paaren, die ja oft genug unter der Lehre der Kirche leiden und sich verletzt von dieser abwenden, durch eine schöne Tat dienen? Wie könnten wir das kostbare Salböl nicht gönnerisch, sondern verschwenderisch über ihnen ausgießen?

Seit der geschilderten Begegnung lasse ich meiner Fantasie Raum ganz nach dem Beispiel dieser selbstbewussten Frau. Sie folgte ihrem Gewissen und tat das, was sie für richtig hielt. Vielleicht bräuchte es für homosexuelle Paare ein eigenes liturgisches Ritual ausgehend von Psalm 133, in dem es heißt: »Seht, wie ist es lieblich und gut, wenn Brüder beisammen wohnen in Eintracht. Es ist wie köstliches Salböl, ausgegossen auf dem Haupt des Aaron, das niederträufelt vom Haupt zum Bart, das niederträufelt zum Saum seines Gewandes. Es ist wie Tau auf dem Hermon, wie Tau, der niederfällt auf den Zion. Denn dorthin entbietet Segen der Herr und Leben in Ewigkeit.«

Könnte nicht die Kirche entsprechend diesem Psalm und der Salbung Jesu in Bethanien ein Ritual der Verbrüderung, bzw. der Vergeschwisterung entwickeln, bei der homosexuelle Paare mit Öl gesalbt werden, bzw. sich gegenseitig salben und so eine verbindliche Partnerschaft schließen könnten? Es wäre ein spannendes Projekt, wenn darüber Betroffene, Seelsorger und Liturgiewissenschaftler ins Gespräch kämen.

Rituale der Salbung könnten auch für andere Personengruppen wichtig werden. Es lohnt sich auch hier, über kreative Entfaltungen der Sakramente nachzudenken. Immer wieder begegne ich in der Seelsorge Menschen, deren Leben von großer Trauer geprägt ist. Die einen leiden unter dem Verlust eines lieben Menschen oder unter einer zerbrochenen Beziehung, die anderen drückt der Verlust des Arbeitsplatzes nieder, andere sind am Leben gescheitert und können einen schweren Schicksalsschlag nicht verarbeiten. Oft machen sich Resignation und Lebensmüdigkeit breit. Manchmal wäre ein sichtbares Zeichen der liebenden Zuwendung Gottes in diesen schweren Lebenssituationen hilfreich. Könnte nicht entsprechend der Krankensalbung eine »Trauersalbung« als »Balsam für die Seele« ein gutes Werk sein, das tröstet und aufrichtet? In Psalm 147 heißt es: »Er heilt, die gebrochenen Herzens sind, verbindet all ihre Wunden.« (Ps 147,3) War nicht auch für Jesus die Salbung in Bethanien ein Zeichen des Trostes in schwerer Lebenssituation?

Wie schön wäre es, ganz im Sinne der Firmung, wenn wir für Menschen in Krisen ein Ritual der Ermutigung hätten. Durch die Salbung könnte ihnen zugesprochen werden: »Hab keine Angst! Auch wenn ein finsteres Tal vor dir liegt! Auch wenn du nicht weißt, wie du dich richtig entscheiden sollst, sondern eher den Eindruck hast: ›Egal, was ich mache, es kann nur falsch sein …‹ – Gott lässt dich nicht allein!« Ähnliches kann gelten für Menschen, die in schweren Konflikten stehen und bisweilen auch bösen Neigungen und Gedanken ausgesetzt sind, die in ihnen aufsteigen. Auch hier wäre es hilfreich, wenn wir ein sichtbares Zeichen entgegensetzen könnten. Diese Gedanken können durch Psalm 20 gestützt werden, wenn dort dem Gesalbten zugesprochen wird: »Nun weiß ich: Sieg hat der Herr verliehen seinem Gesalbten, er hat ihn erhört von seinem heiligen Himmel in der Kraft seiner siegreichen Rechten. Jene sind stark durch Wagen und Rosse; wir aber im Namen des Herrn, unseres Gottes. Jene stürzten und brachen zusammen, wir aber stehen und bleiben.« (Ps 20,7–9) Hatte Jesus dies nicht auch selbst durch seinen Tod und seine Auferweckung erlebt?

Welche schönen Taten, welche Rituale der Salbung als Balsam für die Seele könnte es noch geben, etwa ausgehend von der Priesterweihe für Verantwortungsträger im kirchlichen Leben, aber auch in gesellschaftlichen Aufgaben? Wiederum wäre ein Anknüpfungspunkt die Taufe, bei der der Gesalbte an das Dienstamt von König, Priester und Prophet erinnert wird. Allein eine intensive Beschäftigung mit dem sogenannten »Guthirtenpsalm« gibt viele Anregungen, was es heißt, in seiner Aufgabe nicht überheblich zu werden, sondern sich immer wieder rückzuversichern bei dem, von dem alle Macht ausgeht. Dort heißt es: »Der Herr ist mein Hirte, ich leide nicht Not; auf grünender Weide lässt er mich lagern. Er führt mich an Wasser der Ruhe, Erquickung spendet er meiner Seele. Er leitet mich auf dem rechten Pfad, getreu seinem Namen. Und muss ich auch wandern im finsteren Tal, ich fürchte kein Unheil, denn du bist bei mir. Dein Stock und dein Hirtenstab, die geben mir Zuversicht. Du hast einen Tisch mir bereitet vor den Augen der Feinde. Du salbtest mein Haupt mit Öl, mein Becher ist gefüllt bis zum Rand. Es geleiten mich deine Güte und Huld durch alle Tage des Lebens. Und wohnen darf ich im Hause des Herrn solange ich lebe.« (Ps 23) Allein die Bilder dieses Psalms bieten einige Anknüpfungspunkte zum kreativen Entwickeln von berührenden Ritualen.

Es wäre spannend, ausgehend von der verschwenderischen Tat der Frau, neu auf biblische Spurensuche zu gehen. Gewiss ist die Zahl der Sakramente seit dem Konzil von Lyon (1274) auf sieben festgelegt. In den Jahrhunderten davor waren sie aber nicht so eindeutig definiert. So galt etwa für Ambrosius von Mailand (339–397) sowie für Bernhard von Clairvaux (1090–1153) die Fußwaschung als Sakrament der Sündenvergebung. Auch war nicht eindeutig geklärt, ob beispielsweise die Chrisamsalbung von Königen und Kaisern auch sakramentaler Charakter hatte. Ebenso galt die Abtsweihe als Art Bischofsweihe, sodass manche Äbte selbstverständlich für ihr Kloster Priester weihten. Nicht zu vergessen sind die sogenannten niederen Weihen sowie die Subdiakonatsweihe, die erst durch die Liturgiereform des Zweiten Vatikanischen Konzils abgeschafft wurden. Wäre es nicht aufgrund dieser historischen Tatsachen für die Kirche möglich, mithilfe des Heiligen Geistes und mit Blick auf die Zeichen der Zeit, Sakramente, die in der Bibel angelegt sind, neu zu entdecken?

Ähnliches würde für zusätzliche kirchliche Dienste gelten. Sicherlich braucht es dazu Mut, den reichen Schatz der Kirche neu zu heben und großzügig andere daran teilhaben zu lassen. Vielleicht hilft es dabei, an die angstlösende Wirkung des Nardenöls zu denken.

Jesus jedenfalls hat die verschwenderische Gabe der Frau als schöne Tat gelobt und ihr das Gedenken im Evangelium zugesagt. Das Beispiel der Frau lädt ein, zumindest in Gedanken verschwenderisch das kostbare Salböl über dem Leib des Herrn auszugießen. Wenn daraus auch noch schöne Taten entstünden, die der guten Gesinnung die Krone aufsetzten, dann würde sich das Wort der Dichterin erfüllen: »Denn wir essen das Brot, aber wir leben vom Glanz.« All das könnte viel Freude bereiten und belebend für die Kirche wirken entsprechend der Überzeugung, dass Gott den fröhlichen Geber liebt.

Gehen wir unter der Führung des Evangeliums seine Wege!

Als ich bei der Entstehung dieses Buches einem Freund von den kritischen Anfragen erzählte, zu welchen die sechs Frauen provozieren, antwortete dieser spontan: »Pass nur auf, dass du nicht evangelisch wirst!« Seine humorvoll gemeinte Reaktion hat mich dann doch etwas beschäftigt. Eigentlich wäre es schön, wenn wir – die katholische Kirche – durch die provokativen Frauen des Markusevangeliums ein wenig mehr »evangelisch« werden würden. Das lateinische Wort für »evangelisch« – *evangelicus* – hatte ursprünglich die Bedeutung »der Botschaft der Evangelien entsprechend«. Ganz in diesem Sinn sprechen wir bei den Ordensgelübden von den »evangelischen Räten«. Ein so verstandenes »Evangelisch-Werden« würde der Kirche dienen und der Weisung Benedikts entgegenkommen, wenn er im Prolog unserer Regel schreibt: »Gehen wir unter der Führung des Evangeliums seine Wege.« (RB Prol 21) Das wiederum käme dem Anliegen des Evangelisten Markus sehr nahe. Einen Anfang wollte er mit seinem Evangelium setzen, damit wir es in unserem Leben fortschreiben. So war es auch sein Anliegen, dass die Leser seines Werkes »evangelisch« werden.

Als ich an diesem Buch zu arbeiten begann, wollte ich unter der Führung des Markusevangeliums und auf »seinen Wegen« gehend den namenlosen sechs Frauen tiefer begegnen. Zunächst hatte die Auseinandersetzung mit ihnen etwas Spielerisches und Leichtes. Es machte mir Spaß, mit den unterschiedlichen Frauen direkt in Kontakt zu treten und von ihnen fiktive Antwortbriefe zu empfangen. Das hatte Charme und Esprit ähnlich einem ersten Kennenlernen. Mit der intensiveren Beschäftigung aber spürte ich immer mehr die Ernsthaftigkeit der Themen, die diese Frauen durch ihr vorbildliches Verhalten einforderten. Mir wurde bewusst, wie viel wir von ihnen lernen können und welche Bedeutung sie für uns heute als Jünger des Herrn haben. Jede von ihnen ist eine Kirchenlehrerin mit hoher Lehrautorität, weil diese ihnen von Jesus selbst verliehen wurde. Damit bekam die Beziehung zu ihnen eine noch größere Intensität. Auf der Grundlage des Evangeliums appellierten die Frauen immer stärker an mein Gewissen, auch manch innerkirchliches Reizthema anzusprechen – wohl wissend, dass dies nur assoziativ geschehen und sogar zu Konflikten führen könnte! Beim Nachdenken kamen mir immer mehr konkrete Menschen in den Sinn sowie Erfahrungen aus der Seelsorge, die die Situationen der Frauen spiegeln und die Szenen des Evangeliums ins Heute übertragen. Dabei mag es zunächst defizitär erscheinen, dass ich manches nur durch den begrenzten Rahmen meiner »deutschen Brille« und meines konkreten Erlebens hindurch betrachten kann. Dies allerdings ist wiederum ganz im Sinne unserer benediktinischen Ortsbeständigkeit und entspricht der Weisung des Osterengels: »Er geht euch voraus nach Galiläa. Dort werdet ihr ihn sehen …« (Mk 16,7) Der offene Schluss des Markusevangeliums verdeutlicht: Galiläa kann ebenso Oberbayern sein und es kann trotz seiner Provinzialität weltkirchliche Relevanz haben. Auch das haben mir die Frauen, denen Jesus in Galiläa und Jerusalem begegnet, vermittelt. »Wo immer auf der ganzen Welt das Evangelium verkündet wird, da wird auch zu ihrem Gedächtnis erzählt werden, was sie getan hat.« (Mk 14, 9) Diese anerkennenden Worte Jesu über die Salbende könnten problemlos auf die anderen namenlosen Frauen übertragen werden. Wiederum spürte ich: Selbst wenn ich es wollte, ich komme um diese Frauen mit ihren aktuellen Provokationen nicht mehr herum. Sie sind wichtiger Bestandteil des Evangeliums, das wir verkündigen müssen. Entsprechend dem Weckruf meiner Nichte war das Resümee nach jedem Kapitel: »Heraus mit dir, steht auf!«

Bei alledem bestärkte mich, dass auch unser Ordensgründer Benedikt am Ende seines Lebens von einer Frau provoziert wurde. Diese ermutigende Geschichte möchte ich abschließend noch betrachten:

Papst Gregor der Große (540–604), der die Heiligenvita Benedikts verfasste, berichtet, dass dieser einmal im Jahr seine leibliche Schwester Scholastika zum geistlichen Gespräch traf. Dazu musste der Abt sein Kloster auf dem Montecassino verlassen und zu einem Gut am Fuße des

Berges hinabsteigen. Vielleicht mag das schon ein erster Hinweis darauf sein, dass Benedikt durch seine Schwester in die Tiefe des Glaubens geführt werden würde. In diesem Gutshaus verbrachten die beiden Geschwister den ganzen Tag im geistlichen Gespräch. Als der Abend gekommen war, wollte Benedikt aufbrechen, um den Anweisungen seiner Regel entsprechend noch rechtzeitig vor Sonnenuntergang in sein Kloster zurückzukehren. Scholastika dagegen flehte ihn inständig an: »Ich bitte dich. Lass mich diese Nacht nicht allein, damit wir noch bis zum Morgen von den Freuden des himmlischen Lebens sprechen können!« Doch der Bruder blieb bei seinem Vorhaben und wies seine Schwester streng zurecht: »Was sagst du da, Schwester? Ich kann auf keinen Fall außerhalb des Klosters bleiben.« Es heißt, dass es ein heiterer, schöner Tag und keine Wolke am Himmel zu sehen war. Von der abweisenden Antwort des Bruders enttäuscht legte Scholastika ihr Gesicht in ihre Hände und betete unter Tränen zu Gott. Im selben Moment blitzte und donnerte es kräftig und ein gewaltiger Wolkenbruch ging nieder. So konnte Benedikt das Haus nicht verlassen. Angesichts dieser Tatsachen klagte er: »Der allmächtige Gott vergebe dir, Schwester! Was hast du da getan?« Woraufhin Scholastika etwas keck erwiderte: »Sieh, ich habe dich gebeten, und du hast mich nicht erhört; da habe ich meinen Herrn gebeten, und er hat mich erhört. Geh nur, wenn du kannst. Verlass mich und kehre zum Kloster zurück!«

Natürlich konnte Benedikt das Haus unmöglich verlassen und so verbrachten die Geschwister die Nacht miteinander im Gebet und im geistlichen Gespräch. Erst am kommenden Morgen kehrte Benedikt in sein Kloster zurück, wo er drei Tage darauf erfuhr, dass seine Schwester verstorben war. Papst Gregor beschließt diese tiefgründige Episode mit dem Hinweis, dass Scholastika mehr vermochte, weil sie mehr liebte.

Am Ende seines Lebens lernte Benedikt von seiner Schwester, was es heißt zu lieben: Es ist der Mensch und sein Heil, der im Mittelpunkt steht, und nicht die Einhaltung von Regeln. Dies wiederum entspricht völlig dem heilenden Handeln Jesu.

Mich berührt diese Geschichte immer wieder aufs Neue und ich muss jedes Jahr etwas schmunzeln, wenn wir zusammen mit einer benediktinischen Schwesterngemeinschaft in München das Fest der heiligen Scholastika feiern. In einem Gebet heißt es über das Verhältnis der beiden Geschwister, dass Benedikt für Scholastika Lehrmeister war und sie bei ihm gelernt habe. Davon berichtet Papst Gregor nichts. Zum einen war es der geistliche Austausch, den beide miteinander pflegten. Zum anderen ging Benedikt am Ende seines Lebens bei Scholastika in die Schule. Auch wenn ihr Name auf Deutsch »Schülerin« bedeutet, war sie für ihn doch auch Lehrerin. Manchmal frage ich mich: Stammt vielleicht die Formulierung im erwähnten Gebet aus der Feder eines Mannes? Leider weiß ich es nicht.

Damit steht Scholastika für mich in der Reihe der namenlosen Frauen, die uns vom Evangelisten Markus als beispielhafte Jünger Jesu präsentiert werden. Wie diese ist sie Schülerin des Meisters und Lehrerin der Jünger. Und so lässt sich Einiges von der beschriebenen Szene auf die Entstehungsgeschichte dieses Buchs übertragen.

Die Frauen haben mich wie Scholastika motiviert, die Sicherheit meines Klosters zu verlassen. Ich habe ein intensives geistliches Gespräch mit ihnen geführt. Durch ihr Vorbild haben sie mich in die Tiefe des »evangelischen« Jüngerdaseins eingeführt und wurden mir zu Lehrerinnen. Im Blick auf kirchliche Herausforderungen unserer Zeit und die Provokationen, die sich daraus ergeben, baten sie mich zusammen mit den erwähnten Zeitgenossen: »Lass mich bitte nicht allein!« Und ebenso keck wie Scholastika forderten sie mich auf: »Geh nur, wenn du kannst!«

Dieses Buch ist daher ein Versuch, manche aktuellen kirchlichen Themen, denen wir nicht ausweichen dürfen und können, auf der Grundlage des Evangeliums neu ins geistliche Gespräch zu bringen. Es wurde nicht geschrieben, um innerkirchliche Wolkenbrüche mit Blitz und Donner heraufzubeschwören oder sich gar durch Reizthemen zu profilieren. Vielmehr geht es um das geistliche Ringen unter Geschwistern, die miteinander als »Ekklesia«, also als Herausgerufene unter der Führung des Evangeliums, »seine Wege« gehen wollen.

Scholastika vermochte mehr, weil sie mehr liebte. Das lernte Benedikt durch die Provokation des Gewitters. Am Ende zählt die Liebe! So ruft sie als Schwester im Glauben auch uns zu: »Du Schläfer, du Später, du Schlafmützenpeter, du Erzmurmeltier! – Heraus mit dir!« Gewecktwerden und Aufstehen sind nicht immer angenehm – auch nicht für die Kirche. Aber es ist ein durch und durch österliches Geschehen: *ut in omnibus glorificetur Deus* (RB 57,9).

Über den Autor

Johannes Eckert OSB, Dr. theol., geb. 1969, ist Abt der Benediktiner-Klöster St. Bonifaz in München und Andechs. Neben seinen vielfältigen seelsorgerlichen Tätigkeiten gestaltet er seit Jahren Manager-Exerzitien und ist Verfasser zahlreicher Bücher.